PUSSY SUICIDE

ROSANNA LERNER

PUSSY SUICIDE

roman

BERNARD GRASSET
PARIS

Photo de la bande : JF Paga.

ISBN 978-2-246-83904-0

À Eloïse

Samedi

Les yeux qui vont exploser à se concentrer dans le vide, elle en est là. À serrer les poings et se mordre les joues comme une forcenée. Les contractions de sa mâchoire font trembler sa tête. Elle perce sa muqueuse. Pousse un petit cri dans le silence. Un splash résonne dans ses oreilles, ça dégouline à l'intérieur. Elle relâche la pression, expire. Ferme les yeux. Elle fait passer sa langue sur les ridules, et goûte le liquide métallique. Elle bondit en dehors de son lit, déboule devant le miroir et fait un effort pour ne plus bouger. Avec son pouce et son index, elle presse son menton. Elle montre ses dents à son reflet et regarde le sang jaillir des interstices. Elle saute sur place. Plaide dans le vent. Se jette en arrière. Ses fesses atterrissent en premier sur le sol, et font retentir des vibrations jusqu'au haut de sa tête qui tombe juste après. Elle gesticule allongée, comme en proie à un cauchemar, tache sa moquette blanche en crachant sa salive. Le meilleur moyen de se calmer c'est de lâcher tout ce qu'on a envie de lâcher. Hurler et frapper. Elle voudrait fracasser sa tête contre un mur, hurler à se faire vomir, saigner des mains et des pieds. Mais le boucan va alarmer son père, et elle n'a pas la force d'expliquer qu'elle attend un texto.

Alors elle laisse sa peau changer de couleur. Rouge tartare, le portable scotché à la main, elle pleure.

Ottessa attend un message comme un train à prendre pour que sa vie commence. Un message qui va tout changer. S'il n'arrive pas, elle sait qu'elle va sombrer. Elle a fondé trop d'espoirs pour encaisser la défaite et elle ne se relèvera pas. Elle ouvre sa bouche, la tord dans une expression de douleur insupportable, la photographie sous plusieurs angles, sous plusieurs poses. Sécrète de la salive mousseuse, exhibe ce qui lui reste de sang. Elle veut envoyer la photo comme un ultimatum.

Mais elle sent que si elle bouge un cil, elle va tout gâcher. Elle doit attendre et ne rien faire d'autre. Sauf qu'elle ne supporte pas ça.

Attendre, elle déteste. Ça la fout en l'air. Ça la fait trembler et transpirer, ça lui brûle la tête, fait cuire ses cheveux qui se décrochent à chaque passage de ses doigts. Mais elle ne souffre nulle part autant qu'à l'intérieur. Elle pourrait s'arracher des ongles que l'attente serait toujours plus douloureuse. Ça fait ça aux autres aussi ? Ou juste à elle ? Est-ce qu'on l'a privée du gène de la patience ?

Tout le monde a l'air de gérer. Ça fait souffrir, mais un peu, pas comme ça. Les gens trouvent des occupations pour ne pas devenir dingues. Ils font du yoga, de la course à pied, achètent des objets sur Internet. Problème – solution. Pas elle. Ça ne lui fait pas plaisir, ça la met dans un état de panique létale. Mais elle y va. Elle plane dans le vide. Voir des gens, scruter l'écran de son ordi, se balader dans la rue, des antidotes qui ne remuent rien en elle. Elle pourrait se bouger, aller voir une expo au pif, s'inscrire à un cours d'escrime. Mais elle a peur de déprimer encore plus. La tiédeur la raidit. Elle veut voir ce qu'on lui réserve sans avoir à choisir. Elle est en recherche du bout du vide. Elle veut voir ce que la fin a d'impopulaire. Crier jusqu'à ce que ses cordes vocales lâchent, regarder un point fixe pendant des jours, y trouver quelque chose, les lignes floutées, la cécité. Elle a les yeux écarquillés, captivés par un imaginaire où son corps fait l'objet d'expérimentations. Elle pense à accrocher son bras à la poignée de sa porte et tirer jusqu'à ce qu'il se décroche. Qu'on ne la secoure pas. Assister au spectacle de sa propre pourriture. Être le boulet dont on souhaite la mort pour être tranquille. Il y a quelque chose dans les abysses. Une vérité qui récompense le sacrifice.

Quand elle n'attend pas, elle redoute le moment où elle devra attendre à nouveau. Sa petite voix lui assène en boucle que la prochaine fois, elle n'y arrivera pas. Chaque moment d'attente l'abîme davantage. Alors elle se masturbe pour s'endormir. Dans un orgasme, son corps et son esprit s'alignent. Une vague hypnotique la parcourt et l'apaise. Elle veut être remplie, qu'on lui donne des coups comme si on la ranimait. Elle aimerait appuyer sur un bouton d'appel au sexe quand elle est au bord de la crise de nerfs. Elle en abuserait, finirait par avoir le doigt posé dessus tout le temps.

Si elle se concentre très fort, elle peut reconstituer la sensation d'être pénétrée. C'est son talent, ce qu'elle sait faire de mieux. Elle aimerait que ça serve à quelque chose. Que son corps soit le réceptacle de toutes les pulsions indésirables. Qu'il se fasse souiller pour la bonne cause, qu'il serve aux violences impunies pour la réduire à la sidération, passer sous silence l'autonomie de ses désirs. Il est en roue libre, son corps. Il veut compulsivement ce qu'elle n'est pas en mesure de lui donner. Elle veut que son vagin craque, cède aux cognements répétés d'un facteur environnemental. Elle veut ça pour chaque minute de sa vie. Pour se soulager autrement, elle ne voit pas quoi faire d'autre. Elle brandit son portable devant ses yeux toutes les quatre secondes. Coup d'œil furtif, agressé par le rectangle de lumière. Ses poumons se gonflent à chaque regard. Et rien. Une incision, de grandes mains gantées qui retirent l'espoir en libérant un gaz toxique. Elle s'essouffle.

Elle sait qu'elle gâche sa vie. On lui dit de profiter, qu'elle a tout pour être heureuse, qu'elle est jeune et pas vilaine. Qu'il faut qu'elle s'en rende compte. Que la vie ça passe vite. Elle ne comprend pas. Elle s'ennuie. Pire que malchanceuse, elle est snobée par le cours des événements. On l'a oubliée. Aucun panneau ne lui indique quoi que ce soit. Il faudrait qu'elle frôle la mort pour être dirigée. Elle fait des interprétations à partir de tout. Rien ne tient la route. Sa vie ne change pas. Elle passe à côté. Elle cherche un sens à désigner, ne se contente pas de ce qui la désigne. Ce qu'elle est ne lui va pas. Son reflet dans le miroir ne lui plaît pas. Il ne lui dit rien. Elle passe plusieurs heures par semaine plantée devant sa glace en y cherchant un truc. Elle a l'air conne quand elle sourit trop grand. Elle a l'air d'un mec quand elle relâche ses traits.

Elle s'entraîne à avoir l'air mieux. Elle aspire les joues, relève les pommettes, gonfle la bouche, lève les sourcils, plisse les yeux.

Quand sa famille déblatère sur son histoire, elle tend vaguement l'oreille, elle cherche une explication. Ça fait du bien à tout le monde. Sauf à elle. L'appartenance, ça l'empêche. Ça brouille tout en elle. On l'étrangle avec des injonctions muettes. C'est une miraculée, inconditionnellement admise parmi une communauté de miraculés. Elle questionne les limites, dessine dans son esprit les lignes du cadre. À quel moment elle se fait virer ? Elle fait des rêves où elle se fait bannir. Où elle commet le pire, insulte tout le monde, ricane comme un monstre. Elle se fait bannir de mieux en mieux, de plus en plus vite, pour encore plus longtemps.

Personne ne l'a diagnostiquée alors elle ne peut pas partir en couilles sans conséquences. Il faut que tout le bouillon de trouble qui macère en elle puisse sortir. Elle veut hurler dès le réveil, ça la calmerait plus rapidement que la baise – mais on l'enverrait à l'asile. Et puis ça la calmerait moins bien. Elle se concentre sur la baise. Elle mise tout dessus. Sa chatte la harcèle, il faut qu'elle serre les cuisses, tout son corps est mobilisé, ça ne peut pas être arrivé là par hasard.

Elle se demande si elle n'est pas coincée dans la vitrine d'une autre boutique. Il y a erreur. Son corps est témoin. Pas juif, pas femelle, pas humain. L'idée de la famille la dégoûte. Elle voudrait être un poisson, abandonné à la naissance.

Elle voudrait n'avoir aucun lien avec des gens qui ont baisé pour l'avoir. Elle ressemble à sa mère. Ressent un profond malaise à afficher cette ressemblance devant son père. Elle voudrait partir et ne plus jamais avoir de lien avec lui. Mais elle a seize ans. Un toit sur la tête et un lit où glander. Tout le temps du monde pour penser que le meilleur moyen de survivre à sa servitude c'est de se saloper.

Elle s'en apercevra plus tard, qu'elle a toléré des trucs immondes. Qu'à des moments, ce qu'on lui infligeait ressemblait plus à une agression qu'à un rapport sexuel. Que lorsqu'on veut être salopée, on s'expose à l'être.

En attendant, elle boit avant de baiser. Baiser, ça veut dire baiser soûle. Le corps lourd et ankylosé, affranchi de son désir, ballotté par des secousses qui vont faciliter le sommeil. Quand elle se réveille chez les types, elle se casse direct. Elle a honte de ce que révèle le matin. Sa gueule, ce qu'elle va dire. Elle a peur de ce qu'elle va penser du mec, de regretter de s'être laissé pénétrer par lui. Elle a la flemme de mettre les formes pour dire au revoir. Ça ne lui arrive jamais de rencontrer un mec qui vaut le coup de rester. Jamais, ça veut dire que ça lui est arrivé une fois, avec Oscar.

Elle est amoureuse d'Oscar depuis un an. Elle s'est jetée dans un fantasme énervé. Elle ne s'imagine qu'un seul scénario, finir avec lui.

Oscar a deux buts dans la vie : avoir la mention très bien au bac et se venger d'Angélique, qui lui a cassé le cœur quand il avait quatorze ans. Il s'était trop concentré sur le second objectif, et s'est foiré sur le premier. Ça l'a rendu encore plus pervers.

Ottessa donnerait sa vie pour lui. Comme toutes les autres avant elle, elle a cru qu'elle allait le réconcilier avec l'amour. L'amour pour son cœur vierge de lycéenne, ça ressemble à une humidité dans le regard censée trahir les apparences. Et cette vérité vitreuse, elle jure l'avoir vue. Elle a perdu la plupart de ses amies à leur avoir reproché de douter d'elle. N'en a gardé que deux. Elle s'en fout. Les ondes négatives, ça dégage.

La première fois qu'ils ont baisé elle a senti qu'il prenait un plaisir hors norme. C'était pur, c'était pas un truc vindicatif. Il a soupiré « Mon ange » tandis qu'il glissait dans sa chatte. Le lendemain, il l'a regardée longuement quand elle se rhabillait pour partir. Il avait bien compris que c'était elle, et pas une autre. Il a continué à la scruter à des soirées où ils se sont croisés après ça. Et puis ils ont rebaisé. Ça la soulageait de recommencer, mais elle était tellement stressée avant de coucher avec lui qu'elle buvait trop. Elle arrive mieux à rebondir quand elle est ivre. Elle perd dix points d'intelligence mais elle veut être quelque chose, pas quelqu'un.

La dernière fois, elle s'est chargée au Jägermeister. Elle a fini une bouteille entière sans réaliser que c'était si fort. Elle était cuite, peinait à articuler et bouger sans s'écrouler par terre. Quand ils se sont retrouvés dans la rue avant de monter chez lui, il a écarquillé les yeux puis a vérifié qu'il n'y avait personne autour. Elle a immédiatement regretté, et c'est tout ce dont elle se souvient. Son regard, sa distance.

Chez lui, elle a tiré la langue pour la coller à sa bouche encore fermée, elle s'est foutue à poil en deux secondes, et s'est allongée à même le sol de sa chambre en lui ordonnant de la baiser sans capote. Oscar a gloussé et elle l'a pris comme l'expression de sa tendresse pour elle. Il s'est mis entre ses jambes. Il l'a pilonnée en s'efforçant de sentir sa chatte, trop béante et trempée. Il secouait son corps presque mort. Elle a hurlé qu'elle sentait TOUT, que c'était DINGUE, et en mettant sa main sur sa bouche il a joui. Elle ne prenait pas de contraception. Espérait tomber enceinte. Il s'est relevé, est sorti de la chambre, et l'a laissée là. Elle a braillé « I've got arms and I've got arms let's get together and use those arms let's gooo », et il est revenu pour lui dire d'arrêter, et aussi qu'elle devait partir. Sa meilleure pote avait un problème et il devait l'aider. Elle connaissait la douille. Elle s'est rhabillée puis s'est fait remercier sur le pas de la porte. Elle est rentrée chez elle en zigzaguant. Au moins elle était trop pétée pour déprimer.

C'est le lendemain que ça a percuté. Et tous les jours qui ont suivi. Elle n'est pas tombée enceinte. A voulu le lui faire croire, mais elle était si sûre qu'ils allaient finir ensemble qu'elle ne voulait pas avoir à gérer un mensonge toute sa vie. Depuis elle lui écrit. Rarement il lui répond, laconique toujours, mais la plupart du temps il l'ignore. En tout cas, ils ne se sont plus vus. Ça la rend folle. Elle a envie de lui prouver qu'elle est tout le contraire de ce qu'elle lui a montré. Il lui donne envie d'être vulnérable. D'expliquer son comportement à travers le récit d'une fille pudique. Elle sait qu'elle peut le toucher en lui avouant qu'elle ne s'aime pas, et que le sexe est un exutoire à sa souffrance. Il faudrait juste qu'il lui donne l'occase de lui parler. Elle aussi elle est blessée, et ensemble ils pourraient s'en sortir. Ce serait… c'est leur histoire. Elle est amoureuse de lui et elle sait que c'est irréversible. Que c'est le premier amour de sa vie, et que ça ne changera pas. C'est le mec à l'aune duquel elle jugera tous les autres.

Ses yeux sont aimantés à son portable. Si on la cherche, on la trouve dans son lit. En équerre. Dos au mur, jambes allongées. C'est rare qu'elle soit ailleurs. Soit complètement couchée, avec deux oreillers derrière la tête, soit en angle droit. Ou bien étalée sur le ventre, le corps absorbé dans son matelas, la tête tournée vers le vide, à regarder le sol. À fixer tous les cheveux qui s'y accumulent, qu'elle doit ramasser parce que sinon elle se prend les pieds dedans. Et c'est particulièrement désagréable d'avoir des cheveux qui s'emmêlent entre les orteils. Les cheveux n'ont pas besoin de peser plus lourd que les pieds pour leur pourrir la vie. Ce qui est faible est sournois. Quand elle est dans son lit, elle est bien. Elle fait craquer ses doigts, se perd dans le vague et rêvasse, s'enlève les cheveux morts. Elle enserre sa tignasse et fait glisser ses doigts en élastique comme on essorerait un rat qui sort de la douche. Et là y en a pas mal qui sortent. Une centaine peut-être. Elle les jette par terre en attendant de se lever pour les mettre à la poubelle. En général, si elle se lève, c'est pour une urgence. Pour pisser par exemple.

Le premier message à Oscar, c'était pour connaître son programme.

Tu fais quoi ce soir ?

Une heure, elle a attendu. Pour finir par se dire que c'était nul comme question. C'est lourd, et puis c'est malhonnête. Elle s'en fout complètement de ses plans pour la soirée. Elle veut savoir s'ils vont se voir. Alors, une autre heure plus tard, elle a envoyé un deuxième message : *Tu veux qu'on se voie ?* Plus droit au but, plus précis.

Voilà, depuis ces deux bouteilles à la mer, ses yeux fixent l'écran. Et en fait ça la déprime, la pauvre lumière blanche. Parce que déjà l'écran ça déprime. Ça fait mal aux yeux, ça fout la migraine, et le pire c'est que plus on le regarde, plus il faut se faire violence pour s'en détacher. Que non seulement Oscar ne lui répond pas mais qu'aucune de ses potes non plus. Chloé doit être en gueule de bois, chez un inconnu fini, et Soledad doit préparer du pain perdu pour son loser de mec. Elle occupe un studio avec lui. Elle l'a rencontré il y a quatre mois et dès le premier jour, ils se sont immédiatement reconnus, soi-disant, et c'est absolument miraculeux qu'ils se soient retrouvés dans cet espace-temps. Il est venu squatter chez elle tout de suite. Soledad est plutôt branchée destin, et donc elle autorise le mec à ne pas payer le loyer. À ne pas en foutre une, d'ailleurs. À se droguer et à ramener des meufs de temps en temps. Enfin ça, c'est interdit. Mais il le fait quand même. Puis ils s'engueulent. Ça part en vrille quand ils s'engueulent. Ça tape dans les murs, ça s'insulte, ça pleure. Ça terrorise les voisins et ça ramène les flics. Quand ça se calme, ça baise. Et là, ça nie que c'est leur seul domaine de compatibilité. Au lieu de se rendre à l'évidence, ils invoquent le destin qui les a foutus ensemble.

Pour payer le loyer, Soledad enchaîne les boulots. Enchaîner les boulots, ça veut dire que ça se passe mal à chaque fois. Elle bossait dans une sorte de franchise de caillera, mais elle a eu une embrouille avec une collègue. Ottessa commente toujours de la même façon les histoires de Soledad. « C'est normal, vu comme t'es belle. » Soledad dit « merci ». Et puis que « ça n'explique rien ». Sauf que si. C'est valable. Soledad est beaucoup trop belle pour éviter les embrouilles de taff. C'est une beauté qu'elle entretient, et ça emmerde encore plus les gens. Elle est toujours en train de triturer son apparence.

« Il m'a ramené deux meufs le même après-midi. »

« Je te dis pas quel bordel il m'a foutu dans l'appart… »

« Il m'a laissé soixante grammes de beuh sur le palier. Tombés de sa poche. Maintenant les voisins nous prennent pour des dealos. »

Ottessa lui dit de le jeter. Parce que ça l'agace ses histoires avec ce mec. Elle l'a rencontré une fois après les cours dans un café où Soledad le rejoignait. Elle a halluciné. Quand il nique pas d'autres filles, il joue à la Play. Et en fait, ça se voit sur sa gueule. Il cligne frénétiquement des yeux, comme s'il était bombardé de flashs ou qu'il revivait un trauma hardcore. Il ne regardait pas Ottessa en face. Il ne parlait pas. Quand Soledad lui a adressé la parole, il a regardé sa bouche sans rien écouter. Le serveur venait prendre la commande, déposer des trucs sur la table, et lui était super nerveux. Il sursautait à chaque apparition du serveur, le regardait l'air ulcéré, comme s'il le réveillait constamment d'une sieste les yeux ouverts. Ottessa avait l'impression de faire de l'humanitaire en passant une heure avec lui.

Elle ne peut pas croire que Soledad s'envoie un cassos pareil. C'est sa bite qu'elle aime. Et le fait qu'il ne la quittera jamais parce que sans elle c'est un clochard. Ottessa, ce mec l'enrage et c'est un sentiment grisant. Ça marche bien dans sa tête, la colère. Elle imagine sa vieille gueule décomplexée accueillir des meufs dans l'appart que Soledad se casse le cul à payer. Et ça lui fout une rage, mais une rage hypocrite. Au fond elle sait que si elle vivait exactement la même chose avec Oscar, elle l'accepterait. Elle sourit même quand elle y pense. Le clochard de Soledad vit chez elle, mais au moins ils vivent ensemble. Il baise des meufs, mais au moins il se bat pour que Soledad baise à nouveau avec lui. Ottessa est jalouse, même si elle préférerait mourir que de l'avouer, elle dézingue en permanence le mec de sa pote. Lui dit qu'il a zéro respect pour elle, qu'il a pas d'empathie, aucun savoir-vivre. Que le cul, ça a bon dos comme compensation. Même si elle ne pense pas un mot de ce qu'elle raconte, Soledad se laisse par moments bercer par la douce musique de l'indépendance.

Une fois par mois, Soledad débarque dans un centre esthétique pour femmes célèbres. Un autre à chaque fois. Elle fait des gestes aériens, articule, et porte un ensemble en lin repassé. Elle donne une fausse identité, prétend avoir oublié son portefeuille au moment de régler, et ne revient jamais. Alors elle s'offre des soins faciaux hors de prix, censés décongestionner, retarder l'apparition des rides ou rendre le visage plus émacié, des séances au laser pour définir une implantation nette de ses cheveux, des massages drainants. Elle ne l'a dit qu'à Ottessa. La tuerait si elle le répétait. Hier, après une de ses séances, elles ont passé deux heures au téléphone. Soledad lui a raconté son embrouille avec sa collègue. La collègue, elle a tapé dans son pourboire. Enfin, « tapé », elle a tout pris. Soledad l'a chopée, et en contrepartie la fille l'a accusée sans preuve de se servir elle-même dans la caisse. Elle s'est dit qu'avec son apparence, elle devait avoir un pouvoir d'achat trop important, et que c'était incompréhensible qu'elle bosse dans un restau. Soit elle était corrompue, soit elle volait. Au lieu de réfléchir, tout le monde s'est juste mis à penser pareil que la fille, et Soledad, plutôt que de confesser qu'elle était recherchée par une flopée d'instituts de beauté, a claqué la porte.

Elle est allée déposer son CV dans des boîtes de nuit. Son clochard, ça l'a rendu fou.

« Mais tu veux te faire embarquer par qui ? »

« Tu veux me tuer en fait ? » Une grosse scène il lui a fait. Et puis un club l'a rappelée. Elle est allée rencontrer l'équipe et ils sont cool, elle dit. « Bon délire », elle dit. Ça paye bien, et elle pourra faire rentrer Ottessa. Elle commence ce soir.

Ottessa réalise qu'elle a oublié de préciser *ce soir* dans son deuxième message. Peut-être qu'Oscar s'imagine qu'elle veut le voir dans l'absolu, tout le temps, planter n'importe quel truc important pour aller le retrouver. La situation est bien merdique. Aucune marge de manœuvre. Le pire, c'est qu'elle ne peut même pas se dédoubler, quitter son corps. En louer un autre le temps que le sien puisse se débarrasser de sa honte. Elle doit rester dans celui qui crée les gros bordels. Et ça, c'est invivable.

À deux doigts d'ajouter *Ce soir ?*, elle prend cinq minutes pour délibérer.

Il a dû avoir quelque chose à faire, dans la vraie vie. C'est samedi matin. Et puis il a un petit frère. Elle a zappé. Il est peut-être en train de regarder les dessins animés avec lui. Avec son grand frère, elle faisait ça le samedi matin. Son frère n'avouait jamais que ça l'intéressait encore et faisait semblant de faire ça pour elle. Finalement, les gens pensent qu'à leur gueule, y a pas qu'elle. Tout le monde pense qu'à sa gueule.

Maintenant c'est sûr, le message, il l'a vu. Il a fait une manip pour le voir. Sans lui montrer qu'il l'a vu. Et il réfléchit. C'est clair. Elle lâche son portable. Il veut lui proposer un truc sérieux. C'est peut-être trop tôt pour prévoir de se voir. Mais un truc sérieux, sur le long terme. Il va lui avouer quelque chose, ce sera abstrait, elle aura pas les clés de la baraque tout de suite mais elle sera soulagée. Il va lui promettre quelque chose. Il l'aime, elle le sait. Elle pense à lui toute la journée. Comment c'est possible sans qu'il fasse pareil ? Si elle a tort, qu'on l'emmène chez les fous. Si elle se goure, alors c'est un danger public. Ils sont ensemble. Ils vont mettre plus de temps à le formuler, c'est tout. C'est un genre de couple moderne.

Elle lui laisse une heure pour répondre. Ensuite, c'est fini. Elle pensera à autre chose. À une autre vie, tant qu'elle y est. S'il n'a pas répondu d'ici une heure, il peut être sûr qu'elle aura tourné la page. Elle a quand même pas que ça à foutre. Il fait beau, elle est belle, y a mille autres trucs à faire sur Terre que d'attendre un pauvre texto d'un pauvre mec. Il va s'en mordre les doigts. C'est bon en fait. Ça va. Elle peut tout à fait vivre sans lui. Qu'est-ce qu'elle croyait au juste ? Que c'était lui la lumière de sa vie ? Au secours. Elle n'attend plus qu'une chose, l'occasion de l'envoyer chier quand il se décidera à revenir vers elle. Ça va la faire jubiler. Ça va lui faire sa semaine. Son année.

Elle s'assoit sur son lit, ferme les yeux et laisse tomber sa tête en arrière. Elle n'aurait jamais dû lui écrire. Ça fait mal et c'est bon à la fois. Cette torture, elle vient comme une claque. Si elle avait une dizaine d'Oscar, elle en profiterait dix fois plus. Elle s'infligerait des sévices à tout bout de champ. Elle aime trop ça. Mais elle sait que ça craint aux yeux des autres. D'ailleurs si on lui demandait, elle dirait que non, elle déteste. Si les autres bossent massivement pour avoir l'air digne, c'est qu'elle devrait avoir peur de passer pour une ravagée. Elle, elle est vraiment pas contre la dignité. Dans l'idée. Mais se retenir d'agir comme elle veut lui fait l'effet d'un poisson pourri qu'on lui fourrerait de force dans la gorge. Elle n'y peut rien. Elle n'a aucun goût pour la retenue. Elle fait déjà tout ce qu'elle peut pour ne pas courir à poil en hurlant dans la rue tous les jours. Elle puise toute son énergie pour s'empêcher d'agir comme une dégénérée. Et sauver l'unique cause qui lui tient à cœur, se faire baiser huit jours sur sept. Personne n'a envie de niquer une pauvre fille. Pas ceux qui l'intéressent en tout cas.

L'été dernier, elle a expliqué ça à un mec qui l'avait ramenée chez lui. Il était six heures du mat, elle avait les yeux rivés sur son portable, à écrire à Oscar qu'elle était en danger pour attirer son attention. Sans réponse, elle est montée dans un taxi avec ce type. Il avait une bite fine et très longue qui lui chatouillait les parois du vagin, tout en creusant des endroits nouveaux. Après il leur a roulé un joint et elle a trop tiré dessus. Il l'a dévisagée attentivement et décrété qu'elle avait le profil pour faire du hard, qu'elle y trouverait tout ce qu'elle cherche. Elle y avait déjà pensé. Si elle était née dans un autre milieu, elle serait probablement devenue actrice porno. Ils s'étaient rencontrés devant une boîte de nuit. Elle titubait et elle avait perdu son manteau. Elle portait une microrobe noire avec des sandales imitation serpent, un maquillage qui avait coulé au moment où elle avait gerbé dans les chiottes. Elle faisait jeune pute un poil friquée mais le gars lui a quand même demandé d'où elle venait.

« J'suis juive. »

Là le mec a balancé la tête vers l'arrière en riant. Puis il a déroulé une réflexion artisanale qu'il avait l'air d'avoir concoctée pendant des années.

« T'as les musulmanes, et t'as les feujs, tu vois ? » Il s'est redressé, et a ouvert ses mains pour illustrer les deux catégories. « Les musulmanes, t'as plein de types différents, avec des familles tradi mais aussi plein de familles de cassos. Les juives, que ce soit une famille normale ou cheloue, c'est un peu la même, on leur enfle le crâne avec le mariage juif. Les juifs pensent tellement qu'ils sont mieux que les autres, que ça les rend malades de se mélanger. Donc logiquement, les feujs, c'est plus dur à baiser, tu vois. » Pour marquer une pause, il a peigné ses cheveux en arrière avec ses doigts. Il attendait peut-être qu'Ottessa réponde qu'elle voyait. Mais elle était défoncée, elle avait déjà atteint son plus haut niveau de concentration pour rester dans la réalité et ne pas partir dans un délire seule dans sa tête.

« Mais si t'insistes en leur parlant franchement de ce que tu vas leur faire, d'un coup, elles se mettent à faire l'inventaire de toutes les femmes de leur famille, avec leurs gros maris et leurs gosses infernaux... »

Ottessa s'est demandé si la bite chatouilleuse était pas en train de la prendre pour quelqu'un d'autre, genre un autre mec, ou son petit frère, pour lui parler comme un coach. Et si elle n'avait pas confondu son clitoris avec un micropénis. Elle commençait à décoller, en se rendant compte qu'il n'y aurait pas de retour en arrière. Elle essayait de réfléchir à ce qu'elle était en train de quitter comme conversation, mais plus elle se concentrait, plus elle perdait le fil. Elle était maintenant convaincue qu'elle était un garçon, et qu'elle avait demandé à bite chatouilleuse des conseils pour s'épanouir dans une sexualité ethnique. L'autre continuait sans s'apercevoir qu'Ottessa s'embourbait dans ses pensées.

« … Des juives sublimes, tout ce qu'on leur fait miroiter c'est le mariage. Elles sont coincées dans une vie de cuisine, à préparer des sandwichs au pastrami comme des possédées. On leur fait comprendre que leur corps est précieux, comme dans l'islam, sauf que dans le judaïsme, on se contredit pas en radotant que finalement leur corps est dégueu. Au contraire. »

Ottessa a tendu le joint dans le vide et l'a lâché. Elle a posé sa joue sur l'oreiller. Elle l'a regardé aligner des mots sans rien écouter et a commencé à s'organiser pour mener son enquête. Déjà, elle allait consulter un urologue. Elle allait lui parler franchement du fait qu'elle avait toujours trouvé son sexe encombrant, qu'elle se sentait toujours mieux avec les mecs, et qu'ils avaient toujours eu un comportement étrange avec elle. Ils étaient très rapidement à l'aise. Elle allait pas le lâcher jusqu'à ce qu'il pose le diagnostic, le gars.

« ... La perruque à la place du voile, c'est pas une hypocrisie hallucinante franchement ? Elles allument les mecs avec de l'artifice, mais elles allument les mecs quand même. Les musulmanes, elles allument pas tout court. C'est clair, elles doivent tout faire pour pas être des salopes. Les juives on leur dit la même chose, mais on leur flanque des faux cheveux encore plus beaux que leurs vrais. C'est de la psychologie inversée, tu captes ? C'est puissant. Et puis y a moins de conséquences dans le judaïsme que dans l'islam. Si les juives veulent être des grosses putes, elles peuvent, et d'ailleurs c'est le cas.

Toutes les juives que j'ai baisées, c'étaient les plus salopes. »

Le mec a laissé planer un silence, content du soin qu'il avait mis à structurer son intuition, pour laisser Ottessa digérer. Elle a tilté en sentant que c'était à son tour de parler.

« Quoi ?

— Quoi, quoi ?

— T'as dit quoi là ?

— Que toutes les juives étaient des salopes ? »

Ottessa a ouvert la bouche en prenant une inspiration comme si un hélicoptère venait de lui jeter une bouée de sauvetage. Elle a mis ses yeux en face des trous, et a éclaté d'un rire strident. Le mec a déchiré deux feuilles de son rouleau de papier toilette et a nettoyé la bave qu'Ottessa avait fait couler sur son menton. Il a dit qu'il rigolait pas. Elle avait lu *Le Journal d'Anne Frank* ? Personne n'en parle, mais pendant que les Allemands étaient en mission pour décimer tout son peuple, Anne Frank, elle, elle pensait qu'à se faire baiser.

« Je te dis, y a un truc avec les juives et le cul. »

Ottessa a deux souvenirs de ce qu'il s'est passé après. Elle est allée aux toilettes avec l'impression de se perdre pendant deux heures et, sans transition, elle était de retour sur le lit, à plat ventre, en train de se faire enculer pour la première fois de sa vie.

Sa journée est foutue. Elle va tourner en boucle. Elle n'a même pas la force d'appeler Chloé parce qu'elle sait ce qu'il va se passer. À s'empêcher d'aborder le sujet, elle va finir par exploser. Et Chloé fera l'indifférente. Elle aussi elle a des histoires de mecs qui l'ignorent. Mais elle ne se torture pas autant. Pour Ottessa, c'est une perfusion douloureuse qui la met dans un état d'euphorie. C'est dans le ventre. C'est le courage, l'impression d'en avoir une tonne. Elle ferme les yeux, mérite une sieste. Elle s'enfonce aussitôt dans un horizon aux couleurs grises et bleu foncé. Une aquarelle ondoyante, une tornade. Au ralenti, elle se déplace. Respiration macabre. Pourquoi la réciprocité en amour est-elle le seul modèle ? On a mis la même idée dans la tête de tout le monde. C'est nul, c'est simple. C'est ça sa vie, ce que son corps lui dicte. C'est viscéral. Au loin, des couleurs plus vives percent les ténèbres et détendent ses paupières, son téléphone sonne.

Le songe se dissout et son regard s'ouvre en grand sur le plafond. Puis se referme. Déjà hors d'haleine, elle agite ses jambes d'excitation. Un sourire irrépressible fait frémir et remonter ses pommettes jusqu'à rouvrir ses yeux à moitié. Elle sourit de tous ses muscles. C'est le moment dont elle se rappellera toute sa vie. Il va le lui dire. Ils vont se le dire. Elle se concentre, fait une prière pour ne jamais oublier son état, là, maintenant. Elle dit *pourvu*, elle dit *faites que*, elle dit *mon Dieu*. Elle se sent entendue. Elle se prélasse dans les secondes qui précèdent le plus beau moment de son existence. Elle souffle, essaie de se calmer. Elle se frotte les bras. Il préfère l'appeler. Le bordel ça coûte cher, mais ça paye putain. Elle arrive déjà à entendre ce qu'il va lui dire : j'ai préféré t'appeler. Le son de ta voix, tu peux pas savoir l'effet que ça me fait. Ça me soulage en fait, comme rien d'autre. Viens, on voyage. J'ai envie d'aventures avec toi. On en parle ce soir ? Vingt et une heures, chez moi ? Je cuisine. Mets une robe. Ou viens carrément toute nue. Passe la nuit, jusqu'à demain soir. Je suis libre. De toute façon je ne veux voir que toi. Une grande inspiration, un test avant de décrocher : « Allô ? » Elle prend sa voix suave. Elle attrape son téléphone à l'aveugle et se prépare à enregistrer ce qui deviendra un souvenir mythique.

« Allô ? » elle dit.

Son « allô » est calme. Il pourrait faire son effet si elle avait une vie surchargée et qu'à la surprise générale elle parvenait à gérer. Au moins, il y a une chance pour qu'elle n'ait pas l'air d'avoir trépigné. Elle a attendu la dernière sonnerie pour répondre. Elle est indépendante. Et sensuelle à la fois.

« Ottessa ? C'est Judith, la maman de Chloé. »

Un élastique s'étire entre ses tempes. Démolition intérieure. À quoi bon avoir un cœur s'il passe sa vie à se faire fouetter ? Se rappeler qu'elle aime ça, qu'elle est faite pour ça.

« Ah Judith ! Ça va ? »

Sa main à couper qu'elle lui demande où est sa fille.

« Ça va, mais je suis un peu inquiète. Chloé n'est pas rentrée. Tu sais où elle est ?

— Oui, elle a dormi chez Tania. Y a pas de réseau chez elle. »

L'inconstance géographique de Chloé, il faut s'y habituer. Chacun campe sur sa position, et la confiance règne en valeur absolue. Le seul numéro que Chloé connaisse par cœur est le sien. En général, elle ne sait pas où elle se réveille, puis elle lui écrit. Là, Ottessa intervient. Elle se bouge, elle va la chercher grâce à des infos qu'elle finit toujours par avoir. Chloé, c'est une perte de temps d'essayer de la faire disparaître. Ça ne marchera pas, elle est increvable. Ottessa devrait répondre ça à sa mère au lieu de lui inventer des mensonges : « Essaye de la faire disparaître, tu verras, ça marche pas. »

Rires de soulagement de Judith, puis :

« Bon. Tu es sûre ? »

Là elle cherche.

« 100 %. On est samedi, elle doit se reposer de sa semaine.

— Merci Ottessa. Ça va toi ?

— Oui, moi, toujours ! »

Ottessa l'expédie.

Maintenant elle attend. Et elle ira la chercher, sa pote, quand elle aura les infos. Avec un truc. Une crème hydratante, un kit brosse à dents dentifrice, ou une culotte.

Est-ce qu'Oscar réalise qu'Ottessa préférerait qu'il admette la vérité plutôt qu'il la torture ? Elle pue, qu'il le lui dise, elle est moche de près, son corps est chelou ? Elle a ronflé, morvé, elle a prononcé quelque chose d'inavouable pendant la nuit, elle lui rappelle quelqu'un qu'il connaît, ça le dégoûte.

Elle considère la fenêtre. Se jeter par-dessus bord.

Oscar. Parle-moi, elle se contente d'envoyer, pour se donner le courage de continuer. *Franchement, tu pourrais me dire la vérité.*

Elle va le faire. Elle va se tuer. C'est la décision la plus logique qu'elle puisse prendre à ce stade. Elle secoue la tête, l'œil gauche incrédule. Bien sûr, bien sûr que c'est ça qu'il faut faire. On n'est pas tous égaux face à l'endurance qu'exige la vie. Elle est sûre qu'il n'y a rien après. Qu'on est tranquille et en paix, exempt de dettes et de remords. Alors il n'y a rien à perdre. Elle ne s'arrête pas d'écrire, plus rien ne l'en empêche.

Oscar t'as vraiment pas de couilles putain

C'est quoi ce comportement de gros connard ???

Comment c'est possible en fait ?

En plus tout le monde

TOUT LE MONDE

m'avait dit qu'il fallait pas que je couche avec toi

Maintenant c'est trop tard

Je suis trop conne

Tu sais que t'as des êtres humains en face de toi ?

C'est pas parce qu'on a un vagin que tu dois nous traiter comme des poubelles

Puuuutainnnn !!!!!!!!

Son front brûlant, ses joues écarlates. Ça va lui faire du bien vingt minutes et après, elle le sait, elle va se morfondre. Ce qu'elle considère être une déclaration héroïque acquerra le statut de pétage de plomb quand elle aura retrouvé ses esprits. Elle va le regretter. Mais pas pendant une journée, pas pendant quinze jours. Pendant des années. Peut-être même toute sa vie. Elle se voit bien y penser tous les jours. C'est pour ça qu'elle doit claquer. Ça la motive à continuer.

FILS DE PUTEEEEEEEEE

L'intégrité ça te parle ???

T'en as zéro

Connard.

Elle gonfle les joues d'excitation.

En plus t'es moche quoi !

T'as vu tes dents ???

Elle est hilare.

Berk

Ça me dégoûte d'avoir eu tes sales pattes posées sur moi.

Comment j'ai pu ??!!!

Ahhhhhh ! Au secours ! Ahhhh !!!!

Un texto d'un numéro inconnu agit comme une dose de morphine :

Ottessa, tu peux venir me chercher ? Je te partage la localisation

Et m'apporter des shoes ? mdr

Elle se lève et s'inspecte un instant dans le miroir. Elle est bien énervée comme il faut. Emmitouflée dans son pyjama d'hiver, elle tire ses rideaux et aère sa chambre. Elle prend une douche brûlante, se lave les dents, perd l'équilibre en brossant violemment ses cheveux électrisés autour de sa tête, enfile un jean et un gros pull, regarde son portable. Les mâchoires tellement serrées qu'elle doit se faire aider d'un chewing-gum pour les relâcher. Elle l'avale immédiatement. Pas de réponse. Déverrouille l'écran pour regarder l'adresse que Chloé lui a envoyée.

Mais ferme ta gueule !!!!!

Tremblement de terre. Il faut le vivre pour le croire. Les jambes en coton, elle trébuche, clique dessus, par réflexe. Oscar va voir qu'elle n'a que ça à faire, d'ouvrir son message dès qu'il l'envoie. Trop tard. Elle est dessus là, il voit. Il la voit. Il la voit voir son message.

Putain mais lâche-moi

Ça part de son front et ça tombe dans ses pieds. Une décharge électrique humide. Elle est trempée. Elle sent ses genoux vibrer. Le corps engourdi, elle convulse et tourne vermillon.

Son père a un talent : venir la voir quand elle n'en a pas envie. Il a un sixième sens, ce n'est pas possible autrement. Derrière la porte, il implore son prénom avant d'entrer. « Alors, vous faites quoi ce soir avec Chloé ? »

Il se pose sur son lit. Comme dans une série familiale où jamais personne ne recevrait de *ferme ta gueule* par texto. Avec son sourire relax. Comme si sa fille n'avait rien d'autre à faire que de répondre sur commande à ses questions à la con. En faisant les cent pas dans sa chambre, elle scrute les messages d'Oscar.

« Ottessa, t'es trop accro à ton portable. »

Elle sait que si elle répond, si elle produit le moindre son, ce sera pour s'égosiller de douleur. Alors elle ferme sa gueule. Elle range ses affaires mécaniquement. Elle fait n'importe quoi mais si elle arrête de bouger, elle sent qu'elle peut s'effondrer.

« Eh oh, y a quelqu'un ? »

Elle s'arrête pour regarder son père avant d'en finir. Qu'il sache qu'il a été un bon père malgré tout, et qu'elle n'a aucune raison de lui en vouloir, qu'il ne devra pas se sentir coupable. Elle se ravise. Elle ne peut pas sauter par la fenêtre devant lui. Elle va faire mine d'aller voir Chloé et se jettera sous un bus dans la rue. Elle range son portable dans son sac et offre à son père un dernier moment avec sa fille.

« Oui, papa. Y a quelqu'un. »

Elle a une voix glaciale. Si son père n'était pas pudique, il se ferait un sang d'encre. Elle s'efforce de lui donner un sourire, tout scellé, qui lui permet de s'en tirer.

Il l'a quand même conçue. Sans se douter qu'elle serait si malheureuse. Il pourrait peut-être l'aider si elle lui disait quelque chose. Mais elle ne voit même pas ce qu'il pourrait faire. Elle est irrécupérable. Et pour couronner le tout, ça ne se voit pas. Elle n'est ni anorexique, ni droguée, ni mutilée. C'est un dérèglement qui se développe à l'intérieur. C'est dans le cerveau, c'est dans le ventre, elle voudrait vomir toute cette merde. Son père secoue doucement la tête :

« Ça fait plaisir cette conversation en tout cas. T'imagines si on répondait à une question sur deux dans la vraie vie ? »

Elle sait. Oscar s'est trompé de destinataire. C'est pour ça qu'il ne lui répondait pas. Il s'embrouillait avec quelqu'un d'autre, la tête dans le guidon. Là, oui, elle peut comprendre. C'est comme ça, quand on s'embrouille avec quelqu'un. Ça lui est arrivé plein de fois. Et quand ça lui arrive, elle est incapable de penser à autre chose.

Elle est enragée, encore plus qu'il y a vingt secondes. Totalement hors d'elle, la lèvre inférieure qui tremblote et qui bavouille. Incapable désormais de se concentrer sur un truc qui n'implique pas son embrouille à lui. Ne pas perdre la face, c'est la priorité. Et trouver qui a voulu emmerder Oscar. La vengeance est un projet qui lui donne envie de vivre. Elle a l'air ragaillardie, les pommettes encore un peu roses, ça va, elle sent qu'elle peut sourire plus franchement maintenant.

« Je sais pas, on est encore tôt le matin, là. On prévoit pas tout, tout le temps, Papa. » Son père la regarde, sidéré. Il a les paumes tournées vers le plafond. Il ne sait pas à qui il a affaire. Ottessa se dirige vers sa fenêtre et la referme.

« Tu peux me filer cinquante euros ? »

Son père ne comprend pas comment elle peut être à la fois si mystérieuse et si présente à la maison. Il aimerait tout savoir. Il vit avec Ottessa. Il est vieux maintenant, mais il ne veut pas le reconnaître parce qu'il se souvient parfaitement du lycée, lorsqu'il avait son âge. Il s'en souvient même mieux que de la veille. Et un mec de seize ans, il a qu'une envie, c'est de savoir ce que pense et fout une fille de seize ans. Il est frustré avec Ottessa. Non seulement c'est une loque, mais en plus elle ne parle de rien. Elle ne lâche pas une info. Il connaît Chloé, Soledad, et c'est tout. Il ne saura rien de plus. Il peut faire tout ce qu'il veut. Fouiller dans son sac, la regarder du coin de l'œil, écouter ses conversations téléphoniques. Elle ne fréquente personne de manière aussi constante que ces deux-là. Elle n'aime pas que des gens s'immiscent dans sa vie.

Elle aimerait faire rentrer Oscar mais c'est plus compliqué que ce qu'elle avait imaginé. Elle enchaîne les coups, des mecs qui ne veulent même pas entendre parler de son prénom. Ça se dit à son père ça ? Il se lève pour aller chercher son portefeuille. Bon, il faut qu'elle le prévienne, Oscar, qu'il s'est gouré. Ce sera une occasion de se faire aimer encore plus. Il pourra voir en elle une alliée fidèle, qui va au front avec lui. En plus là, le vrai destinataire, il pense qu'Oscar s'est couché. Ottessa a les boules qu'il s'imagine avoir cloué le bec à ce connard alors qu'il s'est gouré de numéro. Le gars va halluciner quand Oscar va revenir à la charge. Il va se pisser dessus. Ça va être beau.

Coucou Oscar mon chou. Tu t'es trompé de destinataire

Les doigts la démangent de rajouter *mon amour*.

Coucou Oscar mon chou. Tu t'es trompé de destinataire, mon amour. Elle regarde par la fenêtre pour réfléchir. Elle limite les risques. Enlève les mots doux. Les mots doux, c'est mieux dans la vraie vie. Et ça fait du bien ! d'être un peu mesurée ! pour une fois !

Elle sent que sa victoire, elle l'effleure du bout des doigts. Ses doigts qui font tellement de conneries mais qui lui offrent la surprise de la loyauté dans la dernière ligne droite. La légèreté qu'elle ressent, là. Elle est incomparable.

Elle rajoute juste un cœur, allez. Un cœur, c'est gentil, c'est universel. Et c'est son rôle dans cette sale histoire de violence. Apporter un peu de douceur. Il doit se dire que la lumière au bout du tunnel, la récompense, c'est elle, les caresses dans les cheveux qu'elle va lui faire, et tout le temps qu'elle va lui donner. Et un émoji bonhomme qui rigole aussi. Oui parce que la situation est cocasse. Ce sera une blague entre eux. À chaque question qu'elle posera, il dira « mais ferme ta gueule », pour rire. Puis il répondra vraiment à la question. À leur mariage, son témoin dira : « D'ailleurs, vous vous êtes déjà demandé pourquoi ces deux-là se disent toujours "mais ferme ta gueule" ? » Et pour les petites filles qui seront là, ce sera fondateur, cette anecdote. La première idée qu'elles se feront de l'amour. Un truc sur le long terme, qui se construit, qui connaît des embuches, mais qui triomphe finalement. Son père revient dans la chambre en lui tendant deux billets de vingt.

« Oui mais moi, Ottessa, j'ai besoin de savoir, tu vois ? Si tu rentres, quand tu rentres… »

Il lui fait l'effet d'une télé qu'on a oublié d'éteindre.

« Pourquoi ? Je suis pas chez moi ? »

Elle récupère les billets, fait un mouvement de tête outré pour signaler qu'il manque dix balles.

« Si…

— Bon, bah voilà. »

Elle quitte sa chambre, la poitrine relevée et les narines gonflées, en le laissant seul. Elle a décidé de vivre finalement. Elle peut continuer à faire l'ingrate. Lui doit faire une tête de victime. En se demandant ce qu'il lui a fait, ou ce qu'il a fait à quiconque, une fois dans sa vie, pour que sa fille s'autorise à le prendre autant pour une merde. Alors elle revient. Elle a un cœur quand même.

« Je dors peut-être chez Chloé. Merci pour les sous. »

Il dit « Ok ». Il dit « ma chérie ».

Elle attend en bas de l'immeuble. Elle a pris soin d'appeler Chloé sur le numéro du type dix minutes avant d'arriver, pour ne pas l'attendre. Mais ça marche jamais ces trucs, puisque tout le monde fait pareil. Elle s'adosse au mur. Ne s'allume aucune clope. Compte bien récupérer celles de Chloé en guise de récompense. Elle regarde son message envoyé à Oscar pour la centième fois. Son cœur et le bonhomme souriant font vraiment cruche. Mais il les a vus. C'est trop tard. Elle a fait le maximum, maintenant pédale douce.

Le numéro l'appelle. C'est Chloé. Elle a une voix enjouée, lui dit de monter. C'est pas une proposition, c'est un ordre. Elle veut prendre un café chez ce type. Donc soit elle poireaute vingt minutes en bas, soit elle monte, et ce serait génial parce que, tu vois, il est sympa et son appart est cool. Elle a un ton ironique ultra agaçant. Ottessa sait qu'elle est rentrée avec lui parce que Jacques n'a pas répondu. Jacques, en ce moment, c'est tout ce qui compte pour Chloé. C'est le seul dont elle parle. Si elle n'a pas de signe de lui, elle tape dans les nuitards résiduels. La crème de la crème des pourris. Et ensuite, elle veut les présenter à Ottessa. Elle ne sait pas pourquoi. C'est une énigme. Peut-être parce que même aux plus inconnus au bataillon, elle veut prouver qu'elle n'est pas la pauvre fille esseulée qu'elle a l'air d'être. Chloé fait beaucoup de manœuvres pour faire comprendre aux mecs qu'ils ont quelqu'un de spécial devant les yeux. À ce type par exemple, elle veut montrer qu'Ottessa est là si elle la sonne. En chair et en os. Voilà, là, t'as la preuve concrète qu'une personne, pas totalement à côté de la plaque, est prête à s'occuper de moi.

Aujourd'hui c'est encore cool. Ottessa habite à côté. Elle a déjà été beaucoup plus loin pour venir la chercher. Dans des endroits dont on prononce le nom uniquement parce qu'on s'y perd. Ottessa y va toujours parce qu'elle a peur pour elle, et que tous les gens qui les connaissent savent que s'il arrive quelque chose à Chloé, ce sera parce qu'elle ne se sera pas assez investie dans sa recherche. Elle n'a pas le choix, et Chloé en profite. C'est comme ça. Chloé impose des trucs aux gens. Ottessa les connaît, ses coups. Des sortes de mecs beaux avec une bille à la place du cerveau. Elle les trouve toujours dans la même boîte. Une boîte glauque, qui ne ferme jamais, qui ne vire personne, sauf ceux qui ne consomment pas ou qui ont des looks de pauvres. Mais eux on les recale à l'entrée. Au fur et à mesure de la soirée, la boîte évolue en une faune sanguinaire. Les filles font ressortir leur cul et les mecs changent de regard. Ils se concentrent et contractent tous leurs muscles dans une intensité animale.

Un soir, y en a un qui a foncé sur Chloé en l'attrapant direct par-derrière. Elle portait une minirobe avec un string. Ses fesses sortaient à moitié. Chloé s'en fout de montrer son cul. Mais à ce stade, elle s'en rendait même pas compte. Elle a de très belles fesses, qui ressortent naturellement sans qu'elle fasse le moindre effort de posture. Elles sont vastes et rondes, rembourrées comme une bouée gonflable, la peau brillante, avec de micro-imperfections qui leur donnent une texture mouvante de pâte à gâteau. Il était quatre heures du mat et depuis vingt heures elles plongeaient leur index dans le fond de leur sac pour atteindre le petit pochon de kétamine. Chloé n'a pas vraiment de problème avec la perte de contrôle. Elle finit toujours par rentrer chez elle, quasiment sans éraflure. Chaque demi-heure, elles se sniffaient le bout du doigt et ne s'arrêtaient jamais de boire. Chloé a une descente beaucoup plus radicale qu'Ottessa. Pour un verre d'Ottessa, Chloé en boit deux ou trois. Alors elle a rien capté quand l'autre porc s'est jeté sur elle. Elle a eu un sourire faussement inquiet qui l'a figée dans une pose de poupée Barbie. Mais Ottessa, avec n'importe quelle drogue, elle se met à sentir les tensions là où y en a pas. Alors quand y en a vraiment, elle est prête.

En temps normal, elle n'a pas le courage de sa colère. C'est dommage parce qu'elle perd pas mal d'occasions de se défouler. Le moindre truc peut lui faire péter un câble. Mais elle ne sait pas se battre. Ses bras ont l'épaisseur de fils de fer. Elle se ferait juste déformer la tronche. C'est seulement quand elle a perdu la sensation de ses gencives qu'elle a l'impression de pouvoir ouvrir n'importe qui par le cul. Elle sait reconnaître quand une situation vaut le coup de lâcher les chevaux. Elle a la révolte dans la peau. Si elle aimait moins glander au lit, elle pourrait s'engager en politique. Ou bosser à la BAC. Quand elle a ordonné au mec de dégager, il l'a dévisagée d'un air distrait comme s'il la découvrait. Puis rapidement son expression a changé. Il a essayé de la neutraliser du regard. Pas perturbée du tout, Ottessa a froncé les sourcils genre « t'as juste l'air con, mec ». Il se tenait derrière Chloé, la maintenait par les bras comme un pauvre terroriste, et s'est mis à hurler sur Ottessa. Elle regardait Chloé, toute manipulable, avec sa minirobe, les bras derrière le dos, le regard confus, et le cul à l'air. Elle a commencé à imaginer son sort si elle se faisait prendre par le terroriste, c'est sûr qu'il la bloquerait à quatre pattes, un bout de scotch en travers du visage et des cordes foutues n'importe comment autour de ses membres tordus. Il se ferait plaisir, en l'abîmant salement. Il couvrirait de sperme son expression hagarde, le ferait dégouliner sur ses paupières et son menton. S'il avait envie de ça, elle ne voyait pas vraiment comment il aurait pu faire autrement. Elle a été saisie par une sorte d'empathie. Dans sa poitrine, son cœur battait froidement. Il était trop tard pour se mettre à lui expliquer qu'elle le comprenait. Mais plutôt crever que de déposer les armes, elle a articulé « petite bite », avec un léger sourire. Bon après, ça a dégénéré. Le mec a lâché Chloé pour propulser Ottessa contre le mur, l'avant-bras en travers de sa gorge. Sa force tranquille le rendait furax. Tout près de sa tête, il a récité une liste interminable de menaces. C'était au trou du cul de sa mère qu'il en voulait le plus. Les veines violettes qui jaillissaient de son front et la salive qui débordait de sa bouche ont fini par convaincre Ottessa de l'engagement de son pronostic vital. Il a changé de prise pour lui plaquer les poignets. Il relevait les babines comme un molosse enragé. Tout le monde s'en foutait. Puis les enceintes de la boîte ont émis le riff de « I can't go for that ». En la lâchant, il lui a lancé un dernier regard avant de retourner danser.

Elle voulait que Chloé lui prenne la main mais elle était en train de payer des shots à des inconnus. Le type, Ottessa en a touché un mot à la fille du bar. « Eh oh, ce mec est super dangereux. » Mais il était invirable. Parce qu'il était important. Membre du comex, un truc du genre. Bon ça par exemple, c'était une soirée moyenne. Chloé était arrachée. Elle n'a jamais voulu aborder le sujet après. Ni remercier Ottessa. Mais si c'était à refaire, Ottessa recommencerait, elle la défendrait, elle irait jusqu'au bout. Ça la rend folle que des mecs prennent Chloé pour un bout de terrain.

Elle reçoit le code et l'étage. Elle ne peut pas s'empêcher de penser que Chloé se fout de sa gueule. Ottessa ne porte pas de maquillage et Chloé sait à quel point elle déteste sa gueule sans maquillage. Elle est mal sapée.

Elle a l'air grosse. Chloé est normalement la seule à la voir quand elle est comme ça. Elle sait très bien quel genre de look elle a, là, en bas, à l'attendre. Chloé veut juste que le type mesure sa chance en les comparant. Après, elle recevra un message de lui qui lui dira à quel point, de toutes ses potes, elle doit être la mieux. C'est un truc infaillible, quand Ottessa est au plus moche de son potentiel, Chloé feint de s'émerveiller de sa beauté, en interrogeant les autres. « Oh là là qu'est-ce que t'es belle. Non ? » elle demande aux mecs. « Tu la trouves pas trop belle ma copine ? »

Ottessa se décide à monter. Pas le choix. Chloé sait que l'attente c'est pas son truc. Et d'un côté, ça l'arrange. Elle est à peu près sûre que si elle reste en bas, elle va encore tenter sa chance avec Oscar. Elle va l'appeler, il ne répondra pas. Et elle sera surendettée de honte. Mais elle ne dira rien de tout ça à Chloé. Elle veut avoir l'air vénère pour qu'elles partent vite. Elle garde ses lunettes de soleil.

Le mec habite au cinquième. La porte est ouverte. Ils ne prennent même pas la peine de l'accueillir à l'entrée, elle les trouve assis à l'intérieur. C'est un petit appart avec des moulures. Le genre à avoir été acheté par les parents pour se faire du fric sur le dos d'un étudiant, ou pour laisser leur fils niquer des filles tranquille. Un gros bazar. Fenêtres grandes ouvertes. Une odeur de beuh braisée. Ils sont posés côte à côte sur un matelas tout ratatiné au sol.

Avec une sorte de voix lascive le mec lui dit bonjour et comment il s'appelle, mais elle ne se concentre pas, oublie instantanément. Et puis elle examine le type. Chloé n'a pas dû chipoter longtemps. Il est trop sale. Ça captive toute son attention. Il a de la crasse dans les plis des phalanges. Ou bien il s'est fait des tatouages, des illusions d'optique de crasse. Ottessa a –2,5 à chaque œil, mais elle est sûre que Chloé s'est tapé le dernier des shlagos.

« Assieds-toi, je t'en prie, il dit. Tu veux boire quelque chose ?

— Nan ça va. »

Le shlag se lève quand même, en dégageant une sur-odeur de cheveux gras, il fait mine de s'écarter genre je vous laisse entre vous les filles, alors que son appart fait 10 m^2. Il chope un cendrier plein à craquer sur la table basse et va trifouiller son évier. Ça étonnerait Ottessa qu'il se mette à faire la vaisselle, il entrechoque seulement des objets les uns aux autres.

Chloé se redresse sur le canapé et joint ses genoux. Elle met ses poings sous son menton. Elle réclame du regard l'avis d'Ottessa sur son butin. Mais elle ne le lui donnera pas. Elle lui en veut là. Elle fait semblant de ne pas piger.

« T'as les shoes ?

— Ah non, j'ai oublié, merde.

— Oh putain… »

Le shlag attire leur attention en poussant un cri. Son T-shirt a été éclaboussé dans son unique entreprise d'hygiène. Il rit genre c'est à la bonne franquette ici, et revient avec un cendrier vide. Quand il se rassoit, Chloé se met à glousser en lui donnant un petit coup de coude. Il rigole aussi. Elle a perdu ses chaussures. Hier en rentrant. Elle ne sait pas où. C'est drôle parce que ça veut dire qu'ils ont vraiment poussé.

« Qu'est-ce que t'as fait hier toi ? demande Chloé à Ottessa, pour la faire participer.

— Rien. On se barre ? »

Le shlag regarde Chloé, l'air de penser que sa copine a un gros caractère. Il aime bien. Il le dit.

« Ah, j'aime bien. »

Il se permet d'aimer bien quelque chose. Alors que c'est le plus gros déchet que Chloé se soit tapé. Il veut parler. Chloé aussi. Ils se regardent. Chloé explose de rire, encore.

« Quoi ? » Ottessa s'impatiente. « Vous voulez que je vous laisse ? »

Chloé dit au mec : « On le dit en même temps, à trois ? »

Le mec dit : « Mais non… On est pas des gamins. »

Ottessa détend ses jambes pour se préparer à dégager. Elle a fait son choix. Elle va appeler Oscar et lui demander si elle peut venir chez lui juste après ça. Tant pis pour sa sale tête. Enfin, non. Elle va passer dans un supermarché pour se badigeonner d'anticernes et de mascara. Elle a vraiment besoin qu'il la prenne dans ses bras. Elle a envie de se foutre à poil, se coller à lui, se faire pénétrer jusqu'à ce que sa chatte soit HS. Gober sa bite au fond d'elle, qu'elle se greffe entre ses lèvres. Que ça dure des heures. Qu'il la lui mette au fond de la gorge, puis qu'il l'encule d'un coup. Ensuite elle voudrait bien boire un truc chaud, qu'il la réconforte dans son canap, avec une couverture, tout contre lui, devant les dessins animés, avec son petit frère.

« On se demandait si tu voulais faire un plan à trois ? »

Chloé a la bouche grande ouverte, elle est hilare, ne quitte pas Ottessa des yeux. Elle en avait marre d'être un objet alors elle lui jette son fardeau à la gueule. Elle se comporte comme un vieux mac pour reprendre le contrôle.

La Chloé qui est là, mutine, celle qu'Ottessa a envie de tirer de cet endroit par les cheveux, lui signale que c'est quand même une vraie proposition, sincère quoi. Comme si Ottessa se taisait parce qu'elle pensait que c'était une mauvaise blague.

« Mais non ! » Ottessa dit en reculant. Elle pointe la porte du doigt.

« Je me casse, Chloé, appelle ta mère. » Chloé se lève.

« Ok, Ok. Je viens. Attends-moi juste. » Le mec allume un joint en souriant, l'air de maîtriser la situation, comme s'il ne s'apprêtait pas à replonger dans sa misère. Il a passé la nuit avec elle, il a oublié quel genre de type il était.

« Je t'attends sur le palier. Ça fouette trop ici.

— Eh oh », fait l'autre shlagos.

Elle sort en criant à Chloé de se magner. La peur la prend à la gorge d'un coup. Il est peut-être dangereux, ça l'étonnerait pas. Sur son portable, elle aperçoit la réponse d'Oscar :

Non, non. Je me suis pas trompé. Je veux que tu me lâches, otessa.

Face à face, sans se parler. Chloé porte des lunettes à monture ondulée, noir et doré, les verres complètement opaques couvrent ses cernes jusqu'à ses sourcils. Elle les a toujours dans son sac. Ottessa, elle, porte des Aviator un peu pourries qui appartenaient à son grand-père, trop grandes pour sa tête. Elles lui tombent sur le nez.

Un soleil aveuglant se reflète dans leurs verres. Le teint givré par le froid. Sur la terrasse de la boulangerie, elles sont seules. Toutes les familles couvent à l'intérieur. Avec leur poussette, leur col roulé en grosse laine, leur vieille personne trop parfumée.

Ottessa et Chloé sentent qu'elles se démarquent de cette masse uniforme en portant des mitaines fluo. C'est Chloé qui a eu l'idée d'en acheter, et Ottessa a suivi. Celles de Chloé sont vertes et celles d'Ottessa orange. Elle a voulu montrer qu'elle n'a pas eu à attendre Chloé pour avoir des goûts affirmés. Leurs doigts qui dépassent sont presque bleus. Ça leur donne une certaine allure.

Un chocolat chaud pour Chloé, un jus d'abricot pour Ottessa. Chloé a aussi commandé un éclair au café, qui arrive sur une petite assiette avec une serviette en papier. Elle rugit quand elle le voit, pour amuser la serveuse. Et pour Ottessa aussi. Elle est timide la serveuse, alors elle lance un sourire sans les dents et « bonne dégustation ». Ottessa est au régime. En ce moment elle perd deux cents grammes par semaine. Ça se passe bien. Elle s'autorise à péter un câble une fois par semaine. Le lundi. Elle y va à fond. Elle mange toute la journée des quantités monstrueuses de bouffe trop grasse. Elle se goinfre jusqu'à l'écœurement pour réussir à se priver jusqu'au lundi suivant. En général, le lundi soir, elle se sent comme un cachalot naufragé. Son ventre pèse une tonne et elle a les viscères en compote. Elle avale des laxatifs quand elle ne peut plus rien avaler d'autre et passe la nuit aux chiottes. Le lendemain, elle a une sorte de gueule de bois qui lui donne seulement envie de légumes verts. C'est le prix de la sérénité. Ça pourrait être pire, elle pourrait se faire vomir. Alors elle se sent plutôt privilégiée du peu d'énergie qu'elle y consacre. Elle fait du trente-quatre.

« Non mais sérieux, baragouine Chloé la bouche pleine. Le plan à trois ça te tentait pas ? »

La serveuse s'approche pour poser l'addition, elle termine son service, Chloé profite de sa présence pour ajouter :

« Je t'attire pas ? »

La serveuse rit, bouche fermée mais quand même. Chloé est contente. Ça l'encourage à payer. Elle est d'humeur badine. Même si elle ne porte que des chaussettes et que ses pieds sont en train de geler.

Le tintement des glaçons dans le verre d'Ottessa a toujours été pour elle source de relaxation. Elle aime le bruit des cafés. Plus encore que d'y être. Ça la soûle d'être là. Chloé demande si elle peut récupérer son portable qu'elle a fait charger au comptoir.

« Tu sais très bien que c'est ce mec qui t'a mis ça dans la tête. »

Chloé avale la fin de l'éclair, les yeux écarquillés.

« Pas du tout », elle dit.

C'est Jacques qui lui en a parlé en premier. Elle pense que c'est quelque chose qu'elles doivent faire, en tant que meilleures amies. Elles vont débloquer un truc, comme quand elles ont pris de la MD ensemble. Mais avant Jacques, elle voulait essayer avec quelqu'un d'autre, parce qu'elle ne veut pas se ridiculiser. Et elle s'est dit que c'était *win-win*, que ça allait forcément l'intéresser. Ottessa fait disparaître son jus.

« Mais il faut être lesbienne pour faire ça, non ?

— Mais non ! » elle répond, comme si on parlait de résidentes d'une autre planète.

Deux meufs ça excite tellement les mecs que c'est impossible qu'elles n'en profitent pas. Ottessa fait mine de ne pas piger, mais à chaque fois qu'elle couche avec un type, il lui demande si elle n'a pas une copine-à-ramener-un-de-ces-quatre. Faut qu'elle comprenne. Ça le ferait tellement bander de la voir lécher une chatte. Ou se mettre en ciseaux, chatte contre chatte. Alors Ottessa a été tentée. Mais elle n'arrivait pas à imaginer qui. Ottessa a appris à baiser avec des mecs. Elle pousse des cris de petite fille qui s'est fait mal, elle se tord dans tous les sens en se mettant en valeur, laisse ses cheveux décoiffés quand ils lui recouvrent le visage et qu'elle a les bras trop immobilisés pour se les dégager, regarde la bite lui rentrer dedans tandis que le mec la fixe, fronce son nez et ses sourcils de douleur et déforme sa bouche pour figer dans sa tête des images. Elle sait maintenant qu'elle arrive à plaire aux mecs. Mais si ça se trouve, pas aux filles. La meuf pourrait la trouver ridicule si elle la voyait faire ça. Elle ne sait pas baiser autrement. Et puis elle sait qu'elle aime les mecs, enfin, vraiment, même ce qu'ils ont de pire, elle ne peut pas s'en passer.

Chloé pense, de toute façon, que toutes les filles sont lesbiennes. Un peu lesbiennes, au moins.

« Et que tous les garçons sont pédés du coup ?

— Non, ça je suis pas sûre. »

L'écran d'Ottessa s'est mis en veille. Elle le déverrouille, pour ne pas perdre de vue l'échange avec Oscar. Le cœur fêlé, elle fixe la faute qu'il a faite à son nom.

« Ça te dit rien alors ?

— Bah je sais pas. En gros tu te fais prendre par le mec et je vous regarde ? »

Chloé appuie ses mains sur ses oreilles comme si Ottessa avait rayé du carrelage à coups de scie.

« Pardon, tu baises avec le mec et je vous regarde. » Chloé secoue la tête. Elle n'aime pas non plus. Ottessa pensait que ça allait, « baiser ». Non mais elle a changé d'avis, elle n'aime plus. Ça la dégoûte. Ok « niquer » ? Elle réfléchit. Niquer à la limite, ok.

« Appelle ta mère. J'ai dit que t'avais dormi chez Tania. »

Chloé aime bien ça. Qu'Ottessa donne des ordres. Elle a l'impression d'avoir payé quelqu'un pour s'occuper de son agenda.

« Je connais pas de Tania. » Elle s'essuie la bouche.

Elle rapproche le portable de son oreille. Elle va raconter son bobard. Elle est inspirée. Tania est une amie cubaine, comme si ça justifiait. « Oui, Ottessa t'a dit pour le réseau. Non mais il est pourri, et en plus de ça les prises sont toutes occupées, et y a pas moyen de négocier pour en occuper une. Bon en tout cas, t'inquiète pas. » Ce soir Ottessa va venir pour dîner et se préparer. C'est l'anniv de Salim. Elle sera là, elle ? On pourra lui emprunter des fringues ?

Chloé et sa mère traversent une période haute en ce moment. Chloé en profite, jusqu'à la prochaine fois où Judith rechutera. Et où elle s'en prendra plein la gueule. Judith c'est compliqué parce qu'il y a pas plus cool comme mère. Elle est capable de lui donner plein d'amour à Chloé. Elle l'admire, elle est fière, elle le dit à tout le monde. Et puis quand elle va mal, elle se met à s'imaginer que sa fille est l'instrument d'une conspiration qui lui veut du mal. Elle lui reproche de se mettre en valeur pour l'humilier. Alors Chloé s'adapte et là, elle se cache, elle s'habille en haillons, ne ressemble à rien. Mais sa mère, elle voit très clair dans ce que Chloé essaye de faire. Et elle lui en met encore plus plein la gueule. Bref, c'est l'enfer. Avec Ottessa, elles l'ont diagnostiquée folle-dingue. Et puis bipolaire quand elles ont appris ce que ça voulait dire. Elles s'en foutent si personne d'autre n'a vérifié. Schizophrène c'est un peu too much, mais au fond, elles ont peur que ce soit ça. Judith refuse de voir un psychiatre. Chloé arrête pas de dire qu'à la seconde où elle obtient le bac, elle se tire pour toujours.

« On peut taper dans ses fringues. C'est cool, non ?

— Mais on sort ce soir ? T'es pas trop crevée ?

— Non ça va. En plus j'aimerais bien voir Jacques. »

Jacques, elle en est là. Le type a trente-sept ans. Il a un vrai taf. Ottessa l'imagine un peu lâche de repousser le jour où il apprendra à Chloé qu'entre eux, ça se passera pas. Un peu minable de choper des jeunes. Mais aussi un peu sexy d'en profiter. Ses amies filles, ça doit les rendre dingues.

Depuis qu'elle le connaît, Chloé a dépouillé son vocabulaire de mots comme « meuf », « boloss », « cassos ». Ottessa ne comprend pas. Elle s'imagine que le mec est un pauvre aristo avec des tapisseries en tartan partout chez lui, et une pile d'*Échos Week-End* dans ses chiottes.

C'est Jacques qui fait attention à son langage ? Non, il ne fait pas attention, c'est naturel pour lui. Elle ne parle de sexe que de manière allusive. Emploie « on l'a fait », pour « on a fait l'amour ». D'ailleurs, « faire l'amour », faut même pas y penser. C'est le pire. Ottessa aussi a du mal. Elles ne « font » pas l'amour. Elles se font baiser, toujours en dessous.

Quand elles se sont connues, elles étaient imbaisables. Déjà parce qu'elles étaient jeunes et qu'elles jouaient le jeu. Elles faisaient de la danse classique ensemble. Elles se regardaient en train de se faire enfoncer avec force dans leur justaucorps par leur nounou. Elles se retenaient de chialer quand elles se faisaient tirer les cheveux en un chignon serré par des épingles tranchantes. Mais leurs larmes sortaient toujours. Elles avaient un ventre rebondi dans leur silhouette toute fine. Les yeux clairs de Chloé faisaient ressortir leur brillance sage et naïve. Elle était docile. Plus qu'Ottessa. La tête relevée et concentrée vers la prof alors que l'autre voulait parler non-stop. Elle était aimée des profs. Sa hernie ombilicale était visible à travers le lycra de son justaucorps. Aujourd'hui, elle l'a toujours. Et c'est le même corps qui se fait peloter par des types comme celui de ce matin.

Personne ne pourrait les baiser en voyant comment elles se comportent quand elles sont toutes les deux. Elles jouent aux connes, elles font pitié. Elles marchent dans la rue en se poussant, elles se donnent des chiquettes et leur humour est désolant. Elles ne font envie à personne. Sauf que depuis peu, elles aiment moins se comporter comme des débiles. Encore un peu, oui, mais moins souvent. Maintenant, elles ont envie de baiser. Enchaîner, draguer les mecs, réussir, tout ça. Les mecs c'est ce qu'ils font. Ils baisent des meufs, ils en parlent mal, ils ne les rappellent pas, et ils les oublient. Elles veulent faire pareil. Elles ont vu faire, elles trouvent ça cool. Elles s'en vantent et tout. Mais comme les mecs, pas de détails. Elles baisent comme à l'usine, pour dire qu'elles ont baisé.

« Oui, on "couche" ensemble. » Chloé fait les guillemets avec ses doigts.

« Excuse-moi, la coupe Ottessa. Ça veut dire que vous avez une manière particulière de le faire ?

— Pfff, elle gonfle les joues.

— Il faut bien dire quelque chose. Non ?

— Non, c'est pas la peine. Juste considère qu'on le fait, ok ?

— Ok. »

Le sac de Chloé contient une petite trousse avec son maquillage. Alors que son mascara a coulé sous ses yeux, elle le camoufle avec du correcteur. Puis elle est lancée. Elle en profite pour se refaire les yeux.

« C'est pour qui, ça ?

— Bah pour toi. »

Elle ferme son poudrier comme un vieux téléphone portable et lui envoie un bisou.

Ce soir, Chloé veut emmener Ottessa dans la boîte où elle a rencontré Jacques.

Elle espère le croiser. Sinon rencontrer des mecs qui lui ressemblent. Elle y allait pas mal même avant de le connaître, et elle jure à Ottessa qu'à chaque fois, elle a pu trouver un plan. Ottessa n'a plus confiance en Chloé depuis qu'elle a vu le type de ce matin. Et même sans lui, elle sait qu'elles n'ont pas les mêmes goûts. Chloé aime les vieux qui ont du fric et qui se la pètent. Qui ont l'air d'avoir mis de la gomina sur leurs cheveux mais aussi sur leur gueule, au-dessus de leur autobronzant. Les vieux qui ont le rire de ceux à qui on peut confier des trucs confidentiels et un peu graves. Mais leur cirque ne fonctionne pas sur Ottessa. Elle aime Oscar. Même si elle voit bien qu'il y a une couille, son espoir refleurit tous les jours. L'histoire qu'elle se raconte a pris la forme d'une vocation – ce sera la vie avec lui, ou la mort.

Elle l'a rencontré parce qu'elle collait une bande de mecs de terminale dans la cour. Il avait une calvitie précoce et un gros pif, et malgré un regard vif et une popularité unanime auprès de la bande, elle le calculait à peine. Lui ne la calculait pas non plus. Il avait du succès avec les meufs et ça le rendait un peu mystérieux. Il en baisait plein, tout en ayant une copine à chaque fois. Ottessa était la seule fille du groupe, il ne faisait pas gaffe à sa présence, il parlait de ses conquêtes. Ça aurait pu la vexer mais finalement elle se sentait privilégiée. Elle avait bien conscience qu'elle avait accès à un univers dont les contours pouvaient obséder les filles jusqu'à la torture. Ce que pensent et veulent les mecs. Elle oubliait qu'elle pouvait être assimilée à l'espèce qu'Oscar décrivait avec raillerie, parfois avec dégoût.

Il décrivait des sodomies qui tournaient mal, des fellations dentées, des chattes qui sentaient le poisson, d'autres le poisson pourri. Il fallait être amoureux pour bouffer une chatte. Il mimait les filles en train de gémir, en train de se tordre, il reconstituait à merveille tout le cinéma qu'elles faisaient pour ressembler à des actrices de cul. C'était un spectacle dense et vraiment intéressant. Personne n'était là pour dire le contraire.

Les autres mecs étaient plus discrets, ne vivaient rien, ou peut-être qu'ils faisaient juste plus gaffe à Ottessa. Mais Oscar suscitait une même réaction générale. Une gêne bien accueillie exprimée dans une sorte de râle continu. Ottessa confirmait que c'était bel et bien dégueu. Berk la cyprine dégoulinante, berk les petits seins et berk les énormes, berk tous ces mots, les filles qui sont trop à l'aise, celles qui sont trop timides mais qui sont là quand même, à attendre une pluie de compliments pour défaire leur braguette. Les filles étaient des bouffonnes, à prétendre en permanence être d'autres personnes, à pas savoir quoi foutre de leur corps, à pas savoir quoi dire et quand pour rentabiliser le temps qu'on leur consacrait. Ottessa croisait les bras, pas du tout concernée, et haussait les sourcils genre je le savais déjà, mais j'hallucine à quel point ça n'en finit pas. Un jour, Oscar est arrivé au lycée après un week-end avec sa copine du moment. C'était inespéré qu'ils se mettent ensemble. Kelly était une juive tradi. Elle était douce, discrète, et première de sa classe. Les cheveux toujours bien coiffés dans des pinces ou de jolies queues-de-cheval, elle sentait le linge frais et l'eau de

Cologne sucrée, elle avait la peau mate et du brillant subtil sur les lèvres. Pour son anniversaire, elle avait réservé une chambre dans un hôtel. Ils avaient passé leur temps à bouffer, se faire masser et baiser. Oscar était un surdoué. Il arrivait à faire tomber des meufs amoureuses de lui au point qu'elles cassent leur tirelire pour le rincer, et à côté de ça, ses anecdotes semblaient sortir de la bouche d'un monstre. Avec ses vraies copines, il était quand même plus modéré dans ses propos. En fait il était toujours aussi ordurier mais pour dire des trucs sympas. Il prenait des voix différentes en plein milieu de la phrase histoire de souligner les mots clés. Il essayait d'imiter des caricatures pour qu'on ne décèle pas le fond de sa pensée. Kelly s'était épilé sa petite chatte entièrement, en fait sous les poils c'est vraiment comme une petite fille, elle avait acheté de la lingerie de p… (bruit avec sa bouche d'une bouteille décapsulée), elle l'avait pépon pendant vingt minutes, et elle l'avait même laissé l'enculer. Faussement épuisé par son programme, il s'est étalé de tout son long sur un banc : « C'est un truc de juive d'être aussi dévouée ? » Il a souri et a levé son regard vers Ottessa, lui donnant l'impression que c'était la première fois qu'il faisait attention à elle. Il l'a surprise en train de le fixer et a aimanté ses yeux aux siens.

Ottessa ne se sent pas dévouée. Elle ne se sent pas juive. Elle ne se sent rien.

Il lui demandait d'être juive et de se défendre. Elle ne s'est pas défendue. Et comme si son corps l'avait commandée, elle s'est barrée.

Elle s'est sentie conne en entrant dans les chiottes des filles. Dans la glace, elle s'est vue transpirer.

« T'es nulle ma pauvre. »

La prochaine fois, elle attraperait le premier objet à proximité pour le lui jeter à la gueule. Si on attendait d'elle qu'elle se défende, c'est ce qu'elle allait faire. C'est ce que tout le monde aurait fait.

Le lendemain, elle avait changé d'avis. Elle s'était calmée. Se persuadant que personne n'avait vraiment relevé son départ théâtral. La prochaine fois qu'elle le verrait, elle resterait détendue et le laisserait parler. C'était ça la meilleure attitude. Juste hocher la tête, lever les sourcils genre « ah ah trop marrant », et tout le monde passerait à autre chose. Ou bien, elle pouvait répondre, balancer un missile qui lui donnerait envie de se chier dessus. « Sûrement ouais. En tout cas, rien à voir avec toi, vu comme tu pues la merde avec ta micro-bite toute molle. » Le problème, c'est qu'il fallait attendre le moment où il dirait exactement la même chose. Et ça n'arriverait jamais. Elle pourrait partir sur une espèce de rire bref, soufflé par le nez, bien méprisant comme il faut, pour le recadrer sans prendre de risque.

Pendant plusieurs jours, elle avait gardé cette idée en tête. Jusqu'à ce qu'elle le recroise dans un café où les mecs s'étaient donné rendez-vous le week-end suivant. En la voyant arriver, il l'avait fixée de la même façon, et là elle s'était immédiatement cassée. Sans même hésiter, ni penser à faire ce qu'elle avait prévu. Elle a pivoté sur ses chevilles sans lui laisser le temps de dire le moindre truc.

Les autres lui avaient dit qu'ils avaient parlé à Oscar, qu'il avait déconné et qu'il ne recommencerait plus, mais ça l'avait encore plus paralysée.

Un des mecs avait invité Ottessa à son anniv, en mentionnant qu'Oscar ne serait pas là. Alors elle était venue. Décontractée, virevoltante, elle était bien. Mais à cinq heures du mat, alors qu'elle était à son pic insouciant, Oscar a débarqué. Elle a tendu son joint, et a quitté la cuisine en le contournant, le regard droit devant elle, somnambule. Elle a récupéré son sac, son manteau, et elle est partie. Elle a commencé à dévaler les escaliers avec l'envie de chialer de honte. Elle a appelé Chloé qui a choisi de répondre à la toute dernière sonnerie, et puis elle a entendu les échos d'un pas précipité, tellement rapide qu'elle a vu Oscar une seconde après l'avoir entendu. Chloé a répondu mais Ottessa était muette. Il était face à elle, une main sur son épaule. Elle était crispée, avec l'impression qu'il l'immobilisait alors qu'il l'avait à peine touchée. Elle a senti un grand coup de froid dresser tous ses poils. Sa chatte s'est mise à gonfler et à faire comme de la tachycardie. Elle a flippé. Oscar l'a regardée fixement, avec une douce incompréhension.

« Qu'est-ce que tu fous ? »

Elle a bégayé, elle a cru que sa chatte allait exploser son jean par la braguette. Elle a dû croiser les jambes pour serrer ses cuisses, et sentir un liquide se propager jusqu'à son pubis, ruisseler jusqu'aux fesses. Sa chair de poule la paralysait. Son corps était en bordel, un monstre visqueux qui parlait pour elle. Il lui arrivait un truc ingérable. Elle avait déjà baisé avec quelques mecs. La douleur passée, elle trouvait ça décevant. Ne comprenait pas pourquoi elle avait tellement fantasmé le truc. C'était bidon, ça marchait pas. Essoufflé, genre dépassé par la situation, Oscar a dit « désolé », il lui a demandé s'ils pouvaient se parler, toujours avec le regard inquiet, comme si elle se mettait à taper un arrêt cardiaque. Elle continuait de le fixer sans rien dire. Se sentait comme une petite proie, toute fascinée. Ne respirait plus. À deux doigts de s'évanouir s'il ne lui engloutissait pas la bouche dans la seconde. Ottessa était incapable de se lancer. Il l'a attrapée par la taille. Il a voulu lui donner un regard qui disait « c'est ça que tu veux que je fasse ? », mais elle était déjà en train d'ouvrir la bouche comme une dépravée. Il a plongé dedans pour tout éponger. Son autre main, il l'a mise dans ses cheveux. Aidée par une orgie d'oxygène, elle a recommencé à respirer. Elle a pris sa main sur sa taille et l'a glissée dans sa culotte. Oscar l'a ressortie pour se lécher les doigts. En la fixant, il a descendu son jean, il l'a poussée contre un mur et s'est mis à genoux. Il continuait de la regarder puis, de la même manière, il a regardé sa chatte. Tout était nouveau. On ne la lui avait jamais regardée d'aussi près. Elle se demandait même si on l'avait déjà regardée tout court. Elle fixait les mecs à chaque fois pour surprendre le bref jugement qu'ils exprimeraient avec leurs yeux, leurs sourcils. Ils ne s'attardaient pas vraiment sur sa chatte. Ils avaient plutôt l'air de vérifier rapidement qu'il s'agissait bien de ça. Un regard comme ça, en passant. Oscar c'était autre chose. Il s'en foutait de gêner Ottessa, ou de se gêner lui-même. Le sexe c'était pas accessoire, c'était l'essentiel. Il a pris le temps de l'admirer sous plusieurs angles. Il ne transigeait pas sur les détails, il voulait que rien ne lui échappe.

Ottessa se rappelait tous les trucs horribles qu'il avait sortis sur les chattes. Elle avait peur qu'il pense un truc pareil de la sienne. Elle avait choisi un ticket hyper fin. Pendant longtemps elle ne s'était pas épilé l'intérieur du cul, parce qu'il lui semblait qu'elle n'avait rien, parce qu'on ne le lui proposait pas, parce qu'elle ne savait pas ce qui se faisait. Mais une fois, elle a essayé, et c'est devenu indispensable pour elle. Ottessa est sujette à l'épilation paradoxale. Plus elle s'épile, plus ses poils repoussent vite et épais. Elle va chez l'esthéticienne toutes les deux semaines. « Plus fin… plus fin, voilà stop. » Son ticket fait deux millimètres. Elle a fait ce choix aléatoire ne sachant pas bien quoi faire d'autre. Il est hors de question qu'elle s'épile tout, et impensable qu'elle laisse plus de poils que ça. Deux millimètres, ça permet de voir une sorte de trait, tellement fin qu'on peut imaginer autre chose que des poils. Elle déteste sa chatte mais après avoir écumé toutes les photos de chattes trouvées sur Internet, elle a conclu qu'elle les détestait toutes. Elles lui rappellent le croupion d'un poulet. Que son anatomie ressemble à celle d'une volaille lui fout la gerbe. Elle trouve que pour un trou, l'ornement est 1) trop exubérant, 2) trop râpeux.

Elle scrutait Oscar pour saisir l'effet quc ça lui faisait, de l'avoir tout près de lui comme ça. Il n'avait pas l'air choqué. Elle était infiniment reconnaissante. Oscar devait s'être fait une raison. Il aimait les filles, donc il aimerait les chattes. Doucement, il a laissé sortir sa langue de sa bouche, il l'a fait lentement, attentif au rétrécissement aphrodisiaque de la distance. Elle n'avait jamais vu ça, même pas dans un film. Elle a cru qu'il venait d'inventer la position pour elle. Il a jeté un rapide coup d'œil à Ottessa et a fermé les siens pour approcher sa bouche. Elle a arrêté d'avoir honte quand elle a regardé la scène de l'extérieur. Elle pensait que si elle n'avait pas été elle, elle aurait voulu être elle. Ottessa se faisait lécher dans une cage d'escalier, qu'est-ce qu'elle pouvait espérer de mieux ? Sans avoir vécu toute une vie, elle savait que ça n'arrivait à presque personne. Elle pouvait mourir tranquille.

La quantité de mouille était inépuisable mais Oscar voulait tout avaler. Il bandait comme un malade, même la bouche pleine il n'arrêtait pas de le dire. Il attrapait son cul en le pressant avec la force de ses doigts. À un moment, ça a fait mal à Ottessa, alors il l'a retournée pour lui lécher le cul, tout le cul, partout, dedans, dehors, comme un pansement. Il poussait des gémissements insatiables, et Ottessa soupirait de manière contrôlée et sexy. Elle se concentrait pour marquer éternellement cet événement dans sa mémoire.

Il ne doit pas faire plus d'un degré. Des jambes, nues par dizaines ou recouvertes de fins collants, sont rabattues contre la paroi de la boîte et attendent leur tour. Chloé connaît le videur. La dernière fois, elle était assez pétée pour tenir une conversation de quarante-cinq minutes avec tout le staff. Ça a été suffisant pour qu'ils la trouvent digne de passer devant tout le monde la fois d'après. Elle fait la bise au mec, présente Ottessa, c'est sa meilleure amie. Il est trop content de l'apprendre. Il crie quelque chose à l'intérieur pendant qu'elles avancent jusqu'aux vestiaires. Elles ne paient pas et ont droit à un verre gratuit.

La boîte est blindée. De la moquette par terre stabilise les talons. Chloé est plutôt habile en général, mais Ottessa ça l'arrange. Les mecs discutent entre eux et tiennent leur verre. Quand c'est au tour de l'autre de parler et qu'ils tendent l'oreille, ils ont les yeux libres pour passer en revue la piste de danse. Ils essaient de savoir si ça valait le coup de prendre une douche avant de venir. Ottessa fait partie des filles scrutées. Elle s'est tartinée de maquillage et se sent loin derrière toutes les couches de peinture. Ce serait bien si les coups de fond de teint pouvaient aussi camoufler les contours flous de sa personnalité. Elle se force à faire comme si elle vivait là, surprise de rien. Elle a laqué ses cheveux pour faire croire à une crinière de Barbie, elle s'est élevée sur des cuissardes de 14 centimètres récupérées dans la pile de chaussures de Judith, elle a même collé des faux cils à ses vrais. Ça lui fait une tête d'illuminée mais ça change tout. Son regard est beaucoup plus assuré. Ça lui fait prendre cinq piges et ça lui fout direct une étiquette salope. Elle se sent soulagée comme si elle allait survivre. Elle a toujours l'impression que si elle n'est pas attirante, les mecs vont se mettre à lui jeter des trucs à la gueule en lui hurlant dessus.

C'est ici que Chloé a rencontré Jacques. « Dans le fumoir. » Il y a plus de fumée et moins de monde, mais c'est suffisant. C'est plus facile de regarder les autres. Le volume de la musique est bas, pour se rencontrer c'est plus confortable. Chloé fait une reconstitution de la scène en s'agitant d'un bout à l'autre de l'espace. Les gens s'arrêtent, s'écartent sur son passage, et la regardent. Elle fait comme si c'était pas du tout ce qu'elle recherchait. Chloé était là, sur le canapé Art déco. Jacques était à l'autre bout, près de l'entrée. Des flux de filles ininterrompus. Elles entraient, elles sortaient. Mais Jacques, imperturbable, la fixait. Elle l'avait surpris, s'était immédiatement concentrée sur lui. Puis elle s'était levée pour danser. Le fumoir, c'est le meilleur endroit pour ça. Elle a peur de rien Chloé. Alors elle était montée sur une table basse, percée au milieu pour faire rentrer une barre de strip-tease. Elle avait joué avec, mais sans magouille de strip-teaseuse. Comme ça, tranquille. Juste pour fabriquer de belles images, elle riait en même temps. Bon et là, Jacques avait accouru.

Quinze minutes plus tard elle était chez lui, Chloé rouvre la porte à Ottessa.

« Attends je veux fumer une clope.

— Ok, bah reste là, moi j'apporte des verres. »

Jacques ne lui a pas encore écrit. Il faut qu'elle se cuite pour patienter. Chloé revient une première fois avec une tournée de dix shots de vodka. Puis une deuxième fois avec deux vodka-cranberry.

« Ça c'est nos cadeaux.

— Sympa. »

Elles les enchaînent et se posent sur le canapé. Chloé allume une clope. Ottessa une autre. En gros elles attendent que quelque chose se passe. Enfin, c'est ce qu'Ottessa croit. Chloé sort son portable et commence à écrire des textos à une dizaine de mecs. Dont Jacques. Elle se dit que si elle lui écrit le même message qu'aux autres, ça fait pas trop meuf qui s'attache. Juste avant de sortir son portable, Ottessa, elle, est sûre que personne ne lui a écrit. Mais elle le sort quand même.

Rien. Elle se sent glacée. Elle regarde la poignée de gens devant elle et voudrait qu'ils se mettent à la serrer. Comme Chloé a l'air concentrée sur sa mission, Ottessa continue de zoner sur l'écran. Rien, nulle part. Personne ne lui écrit. Elle revient sur le message d'Oscar. À ce stade, apercevoir son nom avec un message qu'il lui a envoyé fait l'effet d'un petit câlin. Se replonger dans ce moment où il a pensé à elle, même en mal.

Je veux que tu me lâches, otessa. Il a écrit virgule, *otessa.* En minuscules et avec une faute, pas sûr qu'on mette le prénom de quelqu'un dans un texto quand on veut s'en débarrasser. Elle est parano, elle peut avoir raison de s'imaginer des trucs. Mais elle n'en sait rien. Est-ce que rien n'est simple pour personne ou est-ce que c'est pour elle que les choses sont les plus compliquées ? Elle mastique sa paille et puis la réajuste dans sa forme cylindrique pour tout siffler d'un coup.

En dix minutes, le fumoir est plein à craquer. Ottessa remue la tête au rythme de la musique et sent l'alcool opérer en fermant les yeux à moitié. Chloé est toujours sur son portable. Jacques lui a répondu *pas ce soir désolé*. Elle est survénère. Mais elle ne le montre pas. Ottessa a vu son écran de toute façon. Elles n'échangent aucun mot, parce que tant qu'il n'y a pas de trucs concrets, y a aucune raison de disserter. Au moins elles évitent de ne parler que de mecs. Mais ça fait qu'elles ne parlent pas du tout. Depuis le fumoir, elles entendent l'introduction suave de « I'm a Slave 4 U ».

Ottessa pose son menton sur l'épaule de Chloé :

« Plus fort ! »

Chloé en a marre. Ce qu'elle pense, c'est qu'on devrait la traiter comme une reine, si on a la chance de coucher avec elle.

Ses yeux sont contrariés, éclairés par l'écran. Les mecs lui répondent au compte-gouttes. Pour Jacques, c'est fait. C'est non. C'est ferme, elle ne peut pas plaider. On ne plaide pas pour ces trucs-là. Elle est dégoutée. Elle se lève. Laisse le menton d'Ottessa tomber dans le vide, et se barre du fumoir. Elle revient vingt secondes plus tard. Elle a été demander d'augmenter le son de la musique et le son de la musique a augmenté. Elle tire Ottessa par les mains. Elle décide de reprendre du poil de la bête, et l'utilise pour allumer les types du fumoir. Elle colle ses hanches aux siennes. Leurs cheveux s'entremêlent pendant qu'elles jettent leur tête dans tous les sens. Par les épaules, doucement, elle repousse Ottessa sur le canapé en se cambrant.

Elle monte sur la table, Ottessa pense à son père. C'est typiquement ce genre de situation qui donnerait raison à ses spéculations. Il la trouve tellement taiseuse et chiante qu'il aime l'imaginer se déchaîner dans un contexte festif. Elle aime bien imaginer ça aussi. Elle arrive même à se projeter. La fille sociable, qui attire naturellement les gens, brille par son humour et dont les cheveux diffusent par coups de fouet une odeur de shampoing.

Puis, à chaque fois qu'elle fout les pieds dans une boîte de nuit, elle ne peut pas s'empêcher de ressentir une immense tristesse. Du lieu, des gens, d'elle-même, qu'elle réfrène aussitôt. Sinon, autant rentrer chez soi. Il faut être pragmatique, transformer ce contexte de malheur en vivier d'opportunités. Faut savoir se projeter très loin. Le bonheur pour Ottessa est fait d'une vallée de gazon verdoyant et bien tondu. D'un soleil éclatant qui réchauffe un climat frais, hollandais elle imagine. Ou suisse. Elle porte des vêtements blancs, en coton, ornés de dentelle. Il y a des gosses décoratifs. Une nappe brodée posée au sol avec des boissons fraîches dans des carafes. Des petits biscuits moelleux. Il y a une femme qui est là, avec une voix claire, qui s'occupe du bon déroulement de la journée, joue de la harpe miniature. Et il y a Oscar aussi. Elle se voit toujours enfant quand elle imagine son bonheur. Au loin, on entend une autre mélodie jouée à la flûte traversière, qui se glisse dans leurs rêves à Oscar et elle, quand ils se couchent au pied d'un arbre et ferment les yeux. La chaleur du soleil caresse leur peau et ils jouent à s'attraper les doigts.

Chloé, debout sur la table basse, est dos à Ottessa et à la barre de strip-tease. Une dizaine de personnes lui font face et attendent. La musique électro après Britney accompagne la chorégraphie de Chloé d'une basse lancinante. En soulevant sa jupe, elle balance ses hanches de droite à gauche. Elle canalise tous les regards sur elle. Mais personne n'en verra autant qu'Ottessa. Elle s'arrête en haut des cuisses pour les spectateurs de devant et lève entièrement le tissu qui recouvre ses fesses et le fil minuscule de son string. Au contact de son cul, la barre se fait avaler. Elle a la raie profonde. Chloé projette sa tête de profil pour surveiller Ottessa du coin de l'œil. Est-ce qu'elle hallucine et la confond avec Jacques ? Ottessa est gênée parce que maintenant, le public la regarde elle. Mais au moins, après ça, ce sera très simple de trouver un mec. Ils vont d'abord vouloir choper Chloé mais elle ne pourra en gérer que deux ou trois. Les autres viendront vers elle. Ils se diront que si elle est capable de faire ça, Ottessa aussi. L'ergonomie inattendue de son cul avec la barre encourage Chloé à la branler. Elle est trop fière. Elle sourit. Les filles présentes dans le fumoir ont envie de se moquer mais n'y arrivent pas. Elle maîtrise. Elle lâche la barre, la ravale, et recommence. Tout le monde devine qu'elle le fait pendant trente bonnes secondes, mais personne ne peut le voir. Elle décoiffe ses cheveux pour que son visage ressemble à peu près à celui qu'elle a quand elle baise. Ottessa est scotchée par la performance, finalement régalée que sa pote écrase la concurrence à coups de branlette postérieure. Quatre types s'avancent avec des petits verres flambés.

Ottessa vomit dans une fontaine près de la boîte. Elle est sur les genoux alors que Chloé est assise sur le rebord. D'une main, elle lui tient les cheveux, de l'autre elle tire sur une cigarette. Elle a fait attendre des mecs. Les pauvres. Ils fument et discutent entre eux. L'écho de leurs rires dégage une ambiance décontractée, légère. Ottessa est sûre qu'ils sont beaux gosses, mais elle n'ose pas regarder dans leur direction.

Elle rote, et sent que c'est fini. Les mecs se marrent. Elle se redresse et essuie sa bouche avec son bras. Elle prend difficilement place à côté de Chloé, s'avachit. Elle a perdu toute sa superbe. On voit sa culotte mais le geste pour remettre sa robe en place demande trop de dextérité.

« Chloé… elle gémit, épuisée. Chloé, c'est chaud comme personne m'aime.

— Va chercher une bouteille d'eau, toi », Chloé ordonne à un des types.

Il préfère rire que grincher. Mais il voit ça comme une autorisation à la niquer violemment plus tard. Ne pas risquer d'être éliminé si près du but. Mais il rit trop.

« Bon, casse-toi, Chloé dit. Cassez-vous tous ! »

Il fait nuit noire. Les lampadaires reflètent leur teinte sépia dans l'eau de la fontaine. Éclairent le vomi flottant d'Ottessa. Chloé dit quelque chose sur les agents de nettoyage municipaux. Ils vont découvrir son bordel lundi matin. Elle se marre, et fait culpabiliser Ottessa. Le mec revient finalement et lance une bouteille d'eau à Chloé. Il dit au revoir avec une insulte. « Tu m'as fait dessoûler en plus. »

Chloé ouvre la bouteille d'eau et lui en fout dans la nuque. C'est froid, quelle copine de merde. Elle peut crever pour qu'elle vienne la chercher où que ce soit la prochaine fois qu'elle la sonnera. L'eau se répand dans les cheveux d'Ottessa. Elle va avoir droit à un rhume de l'enfer. Chloé prend son téléphone qui vibre.

« Allô ? » Elle dit « Ok ». Elle dit « On arrive ».

Des siècles de poussière dans les escaliers. Des marches irrégulières. Chloé se casse la gueule, Ottessa juste après. Elle enlève ses chaussures, dépasse Chloé. Depuis la fontaine, elles se sont tenues bras dessus bras dessous pour marcher jusqu'à chez Jacques. Il fait une soirée. Il a finalement proposé à Chloé de passer.

« Passer », elle peste dans les escaliers. Qu'est-ce qu'elle est censée faire ? Apparaître dix minutes et « passer » le flambeau à la fille d'après ? Depuis l'étage au-dessus Ottessa soupire, elle a envie de s'emmitoufler dans un lit et d'y mourir.

« T'es sûre que je peux venir ?

— Mais oui. »

C'est une teuf, Chloé insiste. C'est sûr qu'elle ne dérange pas. Il est tard. Les gens partiront bientôt. Pour Ottessa, c'est sa meilleure chance de remplacer Oscar. Demain elle supprimera son numéro. Page blanche.

Ottessa arrive en premier. Elle s'assoit sur les marches pour remettre ses chaussures. La porte est ouverte. Pas un bruit. Chloé pousse un cri de ras-le-bol. Il arrive, et ouvre entièrement la porte. Ottessa voit son ventre en premier. Son ventre qui part de la poitrine et dessine une courbe pour arriver juste au-dessus de la ceinture. Sans en déborder. Une chemise et un pull fin recouvrent les détails. Ottessa ne repère pas de surpoids. Elle se dit que c'est juste la silhouette d'un homme plus vieux. Avec un sourire d'enfant qui la met à l'aise.

Quelques personnes encore dans le salon ? Elle dit : Ottessa. Il dit : Jacques.

Non, rien. Même pas une odeur de clope. Il sent le linge propre.

« Y a personne ?

— Bah non. »

Chloé débarque.

« Chloé, y a personne.

— Bonsoir Jacques », bêle Chloé.

Il lui fait un baiser complice sur la joue. Ottessa baisse les yeux. Jacques se rapproche d'elle avec une main sur sa taille. Il a une voix voilée. Il racle un peu sa gorge. Cheveux beaux. Longs pour un garçon, abondants et désordonnés quoique *clean*, châtain foncé avec quelques mèches grises. Elles entrent. Un appart comme ça, Ottessa imagine l'avoir à vingt-sept ans, pas à trente-sept. Mais elle ne sait pas vraiment ce qu'on est censé faire et avoir à trente-sept ans. Sans doute, dans son petit esprit, une femme et des enfants. C'est propre, simple, pas très chaleureux mais agréable. Le sol a une apparence de bois mais sonne comme du plastique sous les coups balourds de leurs talons.

« Vous pouvez les enlever si vous voulez. »

Chloé s'exécute. Ottessa préfère les garder.

À l'entrée, une grande bibliothèque. Plus grande par le nombre de livres enchevêtrés que par sa taille. Gros effort d'organisation. Il les a tous lus les bouquins ? Oui, quasiment. Il se rapproche pour nuancer. « Enfin… je crois. »

Il les parcourt des yeux et des doigts. Ottessa regarde ses mains. Elle regarde le relief de leurs veines. Il classe les livres par auteur. Enfin, il fait ce qu'il peut. Quand il aime un auteur, il peut avoir lu une dizaine de ses livres. Il aime Joseph Kessel, Stefan Zweig, Max Gallo. Il aime l'histoire, l'aventure et la science-fiction. Des livres de gars. Ottessa lit que dalle. C'est abusé. Elle connaît ses classiques de nom et c'est tout.

Y a qu'Oscar qui a réussi à lui faire aimer un truc. La première fois qu'ils ont passé la nuit ensemble, il avait regardé ses tétons, de la même façon qu'il avait regardé sa chatte. Il les avait fixés pendant de longues secondes, il s'était rapproché en plissant les yeux, il les avait caressés et puis carrément malaxés. Elle était immobile, bloquée, faisait tout ce qu'elle pouvait pour sceller sa bouche et s'empêcher de dire « arrête » comme une gamine. Elle était allongée sur le dos, les bras le long du corps. Elle avait passé le test de la chatte, elle était un peu plus sereine que prévu. Mais pas tout à fait non plus. Elle le toisait en forçant un regard apaisé et souriant vers lui.

« C'est normal qu'ils soient tout blancs ? »

Elle les avait immédiatement couverts avec ses mains. Elle était devenue rouge.

« Arrête. »

Elle avait tourné la tête pour se cacher. Il avait ri en lui retirant doucement les mains par les poignets.

« Mais t'es juive non ? Normalement les juives elles ont les tétons foncés.

— T'as vu les tétons de toutes les juives ? »

Elle ne voulait pas du tout qu'il réponde, elle regrettait de lui avoir posé la question. Elle voulait tout sauf prolonger cette discussion. Oscar, accoudé sur le matelas à côté d'elle, avait décroché son regard de ses seins et s'était vraiment mis à réfléchir. Il en avait baisé pas mal. Ce qui était étonnant chez les juifs, c'est que, pour un peuple opprimé, il y avait vraiment aucun moyen de savoir que c'était pas des blancs, sauf chez les très typés, avec des gros nez. Mais bon, lui aussi il avait un gros nez, et pourtant il était blanc de chez blanc. Ottessa pareil, y avait pas plus blanche qu'elle. Oscar avait l'air de penser que c'était dans les détails qu'on pouvait identifier une juive, il fallait se pencher sur son sujet. Kelly en tout cas avait des tétons très foncés, il lui avait dit. Pareil pour sa chatte, marron foncé.

« C'est pas beau. »

Ottessa, muette et le souffle coupé, commençait à voir tout blanc. Oscar avait déplacé son regard vers ses cuisses en en soulevant une.

« Alors que toi, c'est tout propre. »

Il avait ri, et elle s'était remise à respirer.

Elle le regardait dans le fond des yeux, pour déceler à chaque seconde si son degré d'attirance pour elle se maintenait ou diminuait. C'était tout ce qui l'intéressait. Oscar avait tourné la tête vers l'étagère et avait tendu le bras pour passer l'index sur sa rangée de livres de poche. Elle était contente qu'il s'intéresse à elle mais ses seins nus n'avaient rien à faire là. Elle avait cherché son soutif des yeux. Il lui avait tendu *L'Insoutenable Légèreté de l'être.*

« Tu l'as lu ?

— Non. »

Elle avait commencé à se rhabiller mais il lui avait demandé ce qu'elle foutait. Il lui avait retiré des mains son soutif et l'avait jeté à l'autre bout de sa chambre. Il avait tourné le livre en faisant mine de lire la quatrième de couverture.

« Tereza, c'est un personnage du roman. Y a une scène où elle est devant le miroir et elle s'inspecte. Elle a les mêmes tétons que toi, des tétons slaves, tellement clairs que leurs contours sont aussi pâles que ses seins. »

Elle avait rougi à nouveau. « Aussi pâles que ses seins », elle a pas supporté. Déjà qu'ils avaient explosé le quota de téton, et que c'était une prouesse pour elle d'avoir tenu la conversation. Elle a dirigé son regard vers le livre pour faire semblant de lire aussi, et laisser le temps à son visage en feu de retrouver sa couleur normale.

Il lui avait dit que c'est les aspérités qui créent de bons personnages de roman. Et dans la vie c'est un peu pareil. Elle avait l'impression qu'il était en train de la comparer à Kelly en lui déclarant qu'elle avait gagné. Que c'était elle la plus originale, la plus belle, la plus baisable. Elle exultait. Il voyait en elle l'héroïne d'un roman qu'il adorait. Elle s'imaginait muse, femme objet, propriété privée. Elle avait lu le livre en une semaine après cette soirée. Un record. Chaque page lui donnait envie de faire un commentaire à Oscar. C'était dans cette optique-là qu'elle lisait de toute façon. Elle se voyait réciter devant lui les notes qu'elle prenait.

« Oscar, faut qu'on se voie, j'ai fini le livre. » Il répondait peu aux messages, déjà. Quand ils avaient fini par se croiser à une soirée, elle avait pu lui montrer quel type de femme elle serait pour lui. Elle s'était entraînée devant son miroir, avec un T-shirt moulant au point d'exploser.

« J'ai aimé tellement la façon dont l'intimité devient la plus complexe des énigmes en déterminant le rapport des personnages au monde.

— Ouh là, respire. »

Elle essayait d'autres trucs.

« J'ai été rassurée que Tereza se torture avec les mêmes questions que je me pose.

— Ah ouais ? Quelles questions ?

— Euh, je sais plus. »

C'est sûr qu'à ce moment-là tout a basculé avec Oscar. Elle avait vu dans son regard qu'il trouvait qu'elle disait que des conneries. Elle était à court. Elle s'était mordu la lèvre inférieure, s'était tenue exagérément droite et cambrée, la tête penchée, lui touchant ses vêtements en le pelotant. Il avait joué le jeu, mais quelque chose s'était brisé. Elle s'était rapprochée de son oreille :

« Je te le rends quand ?

— Tu peux le garder, t'inquiète. »

Elle servirait qu'à baiser, pas à l'impressionner.

Chloé arrive vers eux après avoir foutu son sac et son manteau par terre.

« On peut aller prendre une douche, Jacques ? On s'est ramassées dans les escaliers. »

Chloé retire ses faux cils pendant qu'Ottessa se déshabille. Elle pue le vomi. Chloé répète que des gens vont arriver.

« Chloé, y a pas de soirée. Je prends une douche et je me barre. »

Elle se met dos à Chloé en entrant dans la douche. Hier, elle est tombée sur une esthéticienne vénère. Sans attendre ni souffler sur la cire, elle l'étalait direct en la brûlant. Dans la tête d'Ottessa, une sorte de bruit de dynamite hystérique la pressait pour sauver sa peau. « C'est parfait comme ça », elle avait dit, tandis que l'esthéticienne n'avait épilé que la moitié de la surface horizontale et l'intérieur d'une seule fesse. Toute la peau sur laquelle elle était passée était rouge vif et couverte de boutons d'allergie. Si elle baisait, ce serait dans le noir complet. Chloé, face au miroir, continue de parler toute seule. À cause de l'eau qui coule, Ottessa entend le ton de sa voix, mais rien de ses mots. Ça doit être ça d'être un chien. Chloé se déshabille aussi, et rentre dans la douche. En dirigeant son regard vers la chatte d'Ottessa, le souffle coupé par la découverte du carnage, elle gonfle les joues et lâche un grand rire euphorique.

« Qu'est-ce que c'est ce design ? »

Ottessa fait une grimace et place le pommeau de douche sur son sexe.

« Non mais t'inquiète, les vieux ils s'en foutent des poils.

— Je me casse Chloé. Personne ne verra ma chatte ce soir. »

Sur le comptoir de sa cuisine américaine, l'enceinte diffuse une musique électro pourrave qui fait sourire Jacques. Elles rigolent et se déhanchent au milieu du salon. Il roule un joint en les regardant. Il doit être en train de se dire que c'est pour ces instants de poésie qu'on en chie dans la vie de tous les jours.

Elles lui ont emprunté des pulls, des joggings et des grosses chaussettes. Ils décident d'aller fumer sur sa terrasse. En file indienne, elles le suivent, avec l'impression d'être en colonie de vacances, le soir, avec le moniteur que toutes les filles veulent choper. Il est protecteur et ne se sert pas de l'autorité qu'il pourrait exercer sur elles. Ils se passent le joint et se toisent. Ottessa est silencieuse. Elle a remarqué qu'elle plaisait à Jacques, il le lui montre comme elle aime. Il le lui montre discrètement. Il la regarde suffisamment longtemps pour qu'elle s'en aperçoive mais sans s'éterniser comme un lourd. Il l'inclut dans tout, il la ressert chaque fois que son verre est vide. Il a une présence chaude, enveloppante, il a un parfum boisé de maison de campagne. Elle veut se faire une écharpe avec ses bras.

Avant qu'elles n'arrivent, il rangeait. Il a bien reçu des gens mais rien d'officiel. Juste un débrief avec ses potes. Ils étaient dans une boîte pas loin. Un sous-sol genre speakeasy sous un restaurant de viandes. Il y a mangé. Elle l'imagine couper avec adresse une souris d'agneau, elle le voit planter sa fourchette avec précision grâce à sa connaissance du squelette de l'animal. Elle se dit qu'il doit être le genre de personne qui termine son assiette sans qu'on l'ait vu enfourner la nourriture dans sa bouche, ni la mastiquer comme un goinfre. Ses gestes sont délicats et naturels. Il doit aimer les légumes mijotés et le bon vin. Il a l'air patient, il est attentif aux silences d'Ottessa. Il la regarde en lui faisant comprendre qu'il aimerait lui demander si ça va, mais qu'elle ne répondrait pas sincèrement s'il le faisait maintenant. Pendant ce temps, Chloé n'arrête pas de parler. Elle débite une sombre anecdote sur le passé militaire de son père. Elle avait déjà commencé à raconter l'histoire à Jacques, mais pas à Ottessa. Puisque tout ce dont elle parle à Ottessa, c'est de Jacques. Sauf que là, on s'en fout. Jacques interrompt Chloé. Il va chercher des clopes à l'intérieur. À peine parti, il manque à Ottessa, elle a envie de sa douceur en elle, elle a envie de rester.

« T'es sûre que tu veux que je reste ? » elle demande.

Chloé hoche la tête avec un sourire confiant. Puis elle lève la tête, examine le ciel sans étoiles : « Ça va être marrant. »

Jacques revient avec des cigarettes pour tout le monde et une fiole de poppers. Il la renifle, la fait passer. Ottessa s'aperçoit qu'elle a de la salive plein la bouche à cause du joint. Elle l'avale bruyamment. Jacques lui caresse le bras.

Son interrupteur à variations permet de tamiser le salon. Il monte le volume de sa musique de yacht méditerranéen et débouche une bouteille de champagne. Pendant que Chloé tourne sur elle-même, il en profite pour mater Ottessa. Et puis il se rapproche. Ottessa se dirige vers Chloé pour que Jacques ait l'air de les vouloir autant toutes les deux. Elle tente ce qu'elle peut pour ne rien avoir à se reprocher, mais remarque que sa bouche est déjà en position canard. Sorte de réaction neuro-transmise à son apparence pour l'informer qu'elle a envie de Jacques. C'est Oscar qui lui a dit qu'elle avait une bouche extraordinaire. Elle s'en foutait un peu. Mais à partir du moment où il a phasé dessus, elle ne l'a plus laissée tranquille. Elle a commencé à la déformer, à essayer de l'améliorer. Elle la met en avant pour la faire exister plus que tout. Pour qu'elle devienne la fille à la bouche hallucinante. Mais ça lui fait une vraie tête de conne. Oscar a fini par se foutre de sa gueule et la faire douter de tout. De la véracité de son admiration pour sa bouche, mais plus globalement de son physique dans son ensemble. La rencontre avec Oscar a ajouté à sa honte métaphysique une honte physique. Elle trouve trop bizarre d'avoir une boîte ovale posée tout au-dessus de son corps, portée par le cou, qui pour elle a l'air d'un petit pot de fleurs sans allure. Elle sait repérer le malaise dans une main qui ne sait pas quoi faire de ses formes.

Dans la mythologie, les corps ont des fonctions. La guerre pour les hommes, la grossesse pour les femmes. Ils se réunissent autour de l'amour, du plaisir et de la procréation. Le pire, c'est le corps inutile. Si à la rigueur Ottessa passait sa vie à baiser, son corps, mis à disposition, ne lui appartiendrait plus. Elle pourrait partager sa responsabilité. Mais dans ces moments-là, à trois dans un appart à cinq heures du mat, avoir un corps mou qui traîne, c'est un cauchemar existentiel.

Elle va aux toilettes. Jacques collectionne les crèmes hydratantes et les flacons de parfum identiques. Il a pris soin de rassembler tous les vestiges des filles passées par là sur une étagère : mascara, fond de teint, rouge à lèvres. Des marques cheap. Des petits trophées. Elle trouve le baume à lèvres brillant de Chloé. Une bouteille de bain de bouche format familial. Elle l'empoigne et s'envoie une grosse rasade. Cette salle de bains est chauffée à bloc et sent le talc. La serviette qu'Ottessa utilise pour s'essuyer schlingue la lessive concentrée.

En revenant dans le salon, elle s'attend à les voir s'embrasser. Mais non. Chloé danse toujours seule et Jacques roule un autre joint sur le comptoir. Elle s'assoit sur le canapé.

Jacques va pouvoir se dire, dans ses moments de déprime, qu'il a beau avoir une vie difficile, il s'est tapé deux filles en même temps un soir. Et c'est probablement pas la première fois. Mais elles, ça va leur faire l'effet inverse. Quand elles déprimeront, si elles se disent qu'elles se sont tapé une fille et un mec à la fois, ce sera tout pourri. À la limite, elles se diront qu'elles sont des chaudasses. Et elles auront bientôt fini de s'en vanter.

Ottessa assiste au manque de complicité entre Jacques et sa copine. Ça l'embarrasse d'autant plus que ça devrait embarrasser Chloé. Même si elle fait l'autruche en pensant qu'elle n'y est pour rien, que la situation va se délier d'elle-même, elle a le regard instable en direction de Jacques, pour surveiller l'évolution de ses pensées. Mais il est insondable. Il a l'air content. Elle aimerait qu'il s'exprime au lieu de l'observer autant qu'elle le dévisage. C'est à Ottessa de fertiliser la dynamique mais elle a la flemme. Chloé la joue perso. Elle l'a abandonnée. Ottessa s'allonge, avec sa bonne haleine et sa peau savonnée. Jacques vient s'asseoir, et elle arrête de culpabiliser puisqu'elle se rend compte que la romance dont lui a parlé Chloé ne dépasse pas les limites de son imagination.

D'un bras, Jacques attrape les jambes d'Ottessa pour les poser sur les siennes et retire les chaussettes qu'il lui a prêtées. Il les fout au sol, repose ses jambes délicatement et se lève, fait une manip le dos tourné puis revient avec des pailles entre les doigts. Il appelle Chloé. Il dit que celle qui pioche la plus courte aura droit à un massage.

Entièrement déshabillés dans sa chambre, ils s'observent comme trois chats de gouttière autour d'une carcasse de poisson. Ils sont dans l'obscurité mais les rideaux sont ouverts, laissant apparaître la lumière bleue de l'aube. Elle ravive leur teint, fait oublier qu'ils ont tous trop bu. Jacques bande. Il a une érection raide comme une tringle. Ottessa jette un bref coup d'œil pour la scanner. Pour elle, la qualité d'une bite ne dépend pas d'une multitude de critères. Y a les bien, et y a les nazes. Un seul défaut met immédiatement la bite dans la catégorie naze. Petite, tordue, mal proportionnée, fine, tout ça ensemble ou séparément = bite naze. Tout l'inverse = bite bien. Jacques a une bite bien. Il doit le savoir puisqu'il n'a aucun problème à l'exhiber. Déshabillé, érection à l'air, il reste le même homme. Confiant mais humble, gentil et poli. C'est naturel pour lui. Être à poil devant des meufs. Ses yeux s'attardent sur les seins d'Ottessa. Il les admire en souriant tendrement. Elle se laisse regarder une seconde et va tirer le rideau. Chloé tangue. Elle est silencieuse et peine à garder les yeux ouverts. Après avoir laissé passer les secondes nécessaires, Ottessa va s'allonger sur le ventre. Elle se dit qu'elle va quand même essayer de déchiffrer les signes de détresse de Chloé au cas où. Mais au moment où elle se couche, elle ne pense plus qu'à elle-même.

Au contact des mains de Jacques, la crème qu'il étale sur son dos devient chaude et détend entièrement Ottessa. Elle sent la fleur d'oranger. Ottessa est cuite à point pour une pénétration à grande vitesse, mais elle ne bouge pas, le laisse faire. Elle aime sentir qu'il déborde. Qu'il fait passer ses doigts tout près de ses seins, sur ses côtes, et qu'il s'approche de ses fesses. Chloé ne prend pas son rôle au sérieux. Elle distribue de petits coups de doigt fatigués sur ses mollets. Ottessa fait complètement abstraction de sa participation, et se concentre sur le travail de Jacques. Il est en train de longer son dos pour réveiller toutes ses vertèbres. Il passe plusieurs secondes sur chacune d'entre elles et, arrivé à sa nuque, il se rapproche pour souffler dans son oreille qu'elle l'excite, qu'il aime sa peau. Il a une intelligence des gestes. Elle reçoit des messages sur ce qu'il pense d'elle. Elle sent son pouls fébrile dans ses poignets. Il la tient entre ses mains, elle le laisserait faire ce qu'il veut.

La présence de Chloé est abstraite. On dirait qu'elle leur a donné son feu vert pour l'oublier. Agenouillée, elle tombe sur le ventre. Jacques retourne doucement Ottessa. Il lui sourit et lui pose sa bite sur l'aine. Elle a une sensation toute neuve. Les seuls endroits où elle a senti une bite c'est dans son vagin, son cul, sa main et sa bouche. Personne ne la lui a jamais présentée aussi officiellement, pas ici. Elle se concentre tellement dessus qu'elle arrive à la voir dans le noir. Elle est conforme aux images de bites dans les films et les photos qu'on trouve sur Internet, mais les détails en plus. Il y a des reliefs, des sous-couches, des veines, de la mobilité. Elle respire, se gonfle, durcit. Ottessa improvise de petites caresses et, en fermant les yeux, la pulpe de ses doigts retrouve la sensation d'un pétale de rose. Elle a la chair de poule jusqu'aux épaules.

Jacques prolonge son massage sur sa clavicule, ses seins, ses bras. Il lui demande l'autorisation de la lécher mais avant qu'elle ne réponde, Chloé se redresse et lui enfourche la tête. Ottessa lève les mains comme si elle s'apprêtait à se débattre, puis enroule aussitôt ses bras autour des fesses potelées de Chloé.

Chloé fait aller et venir son bassin du menton au nez d'Ottessa en se mettant à larmoyer comme un petit animal blessé. Elle prend son visage pour un vibromasseur. Elle bouge en rythme, se frotte avec une impudeur brutale, comme si Ottessa était un bout de fauteuil. Son seul but est de jouir, comme si elle se branlait seule dans sa chambre. Ottessa, en surprenant son intimité, sent son excitation décupler. Elle gobe la vulve de Chloé qui joue avec sa langue. Elle s'empiffre de toutes les substances, organiques et fluides. Elle a l'impression de rouler une pelle sauvage, comme si sa survie en dépendait.

Elle pourrait jouir comme ça. Juste en ayant l'impression de baiser Chloé sans qu'elle s'en aperçoive. Jacques la lèche mais les stimulations de sa chatte lui font moins d'effet que celles de Chloé sur sa bouche. Elle se met à gesticuler, elle a besoin de se faire pénétrer. En sentant Ottessa bouger, Chloé se met à l'insulter. « Salope, t'aimes ça, dis-moi que je suis ta pute. » La bouche imprégnée, Ottessa ne peut ni rire ni obéir.

La vulve de Chloé a une plastique concentrée. Tout est à peu près au même endroit. En un seul coup de langue appliqué, on peut couvrir les parois, la région vaginale et clitoridienne. Elle ne sait pas pourquoi elle crie et pourquoi ça fait du bien, mais ça fait du bien. Petite, rasée. Les poils, au début de leur repousse, raclent le contour de la bouche d'Ottessa en lui préparant des plaques d'eczéma. Ses lèvres internes, minuscules et hypersensibles, réagissent par des pulsations à toutes les nuances buccales d'Ottessa. Elle a l'impression de faire ça bien, encouragée par

Chloé qui continue de miauler ses insultes. Sa chatte a un goût frais, frais et salé, qui lui reste dans les gencives comme si elle avait croqué dans un cornichon. Ottessa aspire, remue sa langue, la fait rentrer dans le vagin contracté de Chloé et en fait ressortir des stocks de fluides comme une récompense lui arrivant jusque dans les yeux. Elles coordonnent leur respiration et leurs mouvements.

« Je vais jouir », Chloé dit en accélérant ses mouvements. Et Jacques enfile un préservatif. Il pose ses mains sur les seins d'Ottessa et la pénètre en fermant les yeux. En les rouvrant, il voit le dos de Chloé, son bassin qui remue, et ses fesses. Il les prend, les caresse, et revient sur le corps sans tête d'Ottessa, voit ses seins et les rattrape.

« Prends mon cul, Chloé dit. Prends mon cul de l'intérieur, je vais jouir. »

Ottessa se sent comme un objet, exploitée en confiance, elle pourrait même vouloir être un peu plus en danger que ça. Chloé se cambre, contracte son corps en coupant son souffle, écrase son sexe de toutes ses forces sur le visage d'Ottessa. Et après un instant silencieux, elle pousse un cri suivi d'un écoulement visqueux dans un va-et-vient contorsionné. Ottessa fourrage et lèche, la bouche grande ouverte. Chloé respire, se vide de son orgasme pendant plusieurs secondes. Ses secousses épileptiques anesthésient jusqu'à l'os la bouche d'Ottessa. Chloé lève sa jambe, s'allonge, s'étire. Personne ne parle. Ottessa s'essuie le visage avec la couette. Jacques réapparaît devant elle. Il est toujours en train de la baiser. Elle lui tend la main qu'il plaque contre son cœur. Chloé ronfle.

« On va dans le salon ? » Ottessa dit sans pouvoir articuler.

Il continue de la baiser en ignorant sa question. Elle ne doute de rien, elle sait que Jacques a un désir total pour elle, entièrement concentré sur elle. Il se retire, enlève la capote, et pousse un petit cri en pilotant son sexe comme un tuyau d'arrosage. Il asperge de sperme le ventre d'Ottessa. Elle ouvre grand les yeux, regarde Jacques pour savoir quoi faire. Il s'allonge à côté d'elle, et pose une main sur sa cuisse. Ottessa est heureuse. Elle se redresse sur ses coudes.

Toute la nuit, à côté de Chloé, il la baise par intermittence. Elle lui dit qu'elle a l'impression de le connaître depuis toujours, veut que ça continue. Elle lui dit ce qu'elle a pensé de lui quand elle a commencé à vouloir rester. *Je voulais que tu me touches*. Il la serre contre lui, l'embrasse. Il est bien avec elle, il lui dit en faisant glisser sa cuisse entre ses jambes. Il lui dit qu'il ne sait pas s'il va arrêter d'avoir envie. Il lui prend la main et l'enroule autour de sa bite. Il la guide. Lui demande de poser sa bouche sur son extrémité, d'aspirer en bavant dessus. De lécher de bas en haut en collant toute la langue qu'elle peut. D'appuyer doucement sur ses couilles et de rassembler toute la peau vers le haut en la serrant. Ottessa s'applique. Elle sent ses aspérités veineuses. Elle sent sous ses mains les cellules qui vibrent, la chaleur qui augmente, elle a la bouche dégoulinante de salive, que Jacques l'encourage à recycler. Il attrape sa main pour le branler énergiquement et éjacule une seconde plus tard.

Elle va dans la salle de bains et l'entend s'étirer, un gémissement territorial. Ses joues rouges, et ses lèvres violettes. Les cheveux ébouriffés et le regard exorbité. Il lui fait un effet pas possible. Elle retient face au miroir l'air mi-désaxé, mi-extatique. Une plaque s'est formée autour de sa bouche. Elle prend entre ses doigts le baume hydratant de Chloé, s'assoit sur la cuvette. Elle l'ouvre et le rapproche de ses lèvres, le mélange aux effluves de Chloé.

Dimanche

Oreiller ferme. Ottessa est couchée en chien de fusil, elle a la tête lourde. Un gros bras veineux enserre sa taille. Il est poilu, bronzé, musclé. Un goût de champoisse dans la bouche. Juste devant ses yeux, une table basse rouge à l'apparence de jouet. De mauvais goût, mais elle ne fait qu'observer. Elle est déjà prête à défendre Jacques contre les critiques. Elle aimerait dire que c'est la première, mais elle est obligée d'admettre que c'est la deuxième fois qu'elle se réveille chez un mec sans avoir immédiatement envie de se barrer. Elle ne veut plus que le temps passe. Elle veut rester bloquée dans celui-là. Quand elle déplace son regard, elle est déjà nostalgique de ce qu'elle vient de découvrir. Sur la table rouge, une photo de famille dans un petit cadre à support. Il y a deux personnes ridées, et trois jeunes. Une fille et deux garçons. Ils sont à la plage. Jacques a la peau bronzée et luisante, les cheveux mouillés. Tous sourient, tous savent sourire.

Elle a l'épaule caressée par le courant d'air du salon. Ottessa est nue, sa peau sent toujours le savon mais aussi la peau, une odeur de terre fraîche et de sel. Au sol, des chaussures d'homme. Elle ne sait plus si Chloé a enlevé les siennes dans le salon ou dans la chambre. Elle se concentre, fait taire ses pensées pour essayer de discerner une respiration en plus de celle de Jacques. Mais c'est trop difficile de savoir. Elle risque un soulèvement discret de tête, pour regarder de l'autre côté du lit. Chloé est partie. Elle s'est endormie, puis elle est partie. Ça va chier.

Jacques se réveille. Il n'a pas l'air surpris de la voir, ni de ne plus voir Chloé. Il l'embrasse naturellement. Et Ottessa s'y habitue tout de suite. Il caresse la toilette inachevée de sa chatte et mime une douleur d'écorchure aux doigts. Il rit et elle rit aussi. Il aime les grosses touffes lui. Grosse touffe sur le pubis, et tout épilé à l'intérieur. Ottessa change de position, face à lui elle dit que les esthéticiennes sont des brutes épaisses. Là, c'est un modèle accidentel. Elle a la voix feutrée. Elle a les yeux brillants. Jacques la fixe. Elle lui raconte qu'elle a interrompu la séance. Mais pas avec le courage qu'elle aurait voulu. Elle lui raconte qu'un jour, alors qu'elle se faisait épiler, elle a entendu dans une autre cabine une dame demander de tout arrêter. Elle a dit : « Allez, ça suffit. » Puis : « Je suis trop vieille pour me taire : vous faites n'importe quoi. » Jacques l'écoute et la touche. Le cou, les oreilles. Elle a la peau toute neuve. Il ne lui demande pas son âge. Ottessa remarque qu'il s'en empêche. Ce qui est sûr, c'est qu'Ottessa est encore trop jeune pour se plaindre. Elle ne sait pas quoi réclamer exactement. Comme quand elle est chez le coiffeur et qu'elle pleure intérieurement devant son reflet saccagé. Une fois qu'une coupe est ratée, à part râler, elle ne voit pas quoi faire. Demander au même coiffeur de la réparer ? Elle interroge Jacques : « Lui hurler dessus ? »

Jacques sourit, il est calme.

« Lui hurler dessus avec une coupe ratée. »

Ils rient.

Jacques, lui, est assez vieux pour se plaindre. Mais il ne le fait jamais. Il punit les mauvais commerçants en se défidélisant. Il se dit que c'est l'affaire de quelques années pour que le commerçant fasse faillite. Dans le pire des cas, il va dire à tous les gens qu'il croise que tel coiffeur est un branque. Le privilège de l'âge lui octroie l'expérience vécue. Il l'a trouvé son coiffeur, et ne le lâche pas. Il va dans la même pharmacie, chez le même médecin, il achète le même parfum depuis des années, et il partage sa femme de ménage avec tous ses amis. Ottessa dit qu'elle n'ira pas se faire charcuter par toutes les esthéticiennes avant de trouver la bonne. Elle va passer sa chatte au laser. Jacques pense que les touffes vont revenir à la mode. Qu'elle y réfléchisse pour ne pas regretter.

Tout est doux chez lui. Sa peau, ses gestes, ses cheveux, sa voix. C'est la première fois qu'Ottessa pose sa main aussi longtemps sur la peau d'un garçon.

« Tu restes ? Je vais acheter une baguette. »

Il l'embrasse, s'habille en vitesse et une minute plus tard il a claqué la porte. Elle va aux toilettes et revient se coucher. Elle reste dans le lit, immobile, sans cligner des yeux. Elle renifle l'odeur de linge propre mêlée aux effluves de leurs corps. Elle récapitule les événements, les uns après les autres. Chloé est partie. Elle regarde son portable. Elle a dix-sept appels manqués de Soledad. Elle essaie de joindre Chloé. Chloé ne répond pas. Reste plantée devant un message qu'elle réécrit sans trouver le bon ton. *Wow euh qu'est-ce qu'il s'est passé là ?*, *Merci pour les présentations*, *T'es où ma poule ?*. Soledad essaie à nouveau de l'appeler, mais elle l'ignore. Elle écrit *ça va ?*, se dit qu'à la place de Chloé elle détesterait recevoir ce message. Mais elle se sent le courage de sa lâcheté. L'envoie quand même. Pose son portable sur la table de chevet. Enfonce sa tête dans l'oreiller de Jacques. Il est en plumes de canard, moelleux et ferme à la fois, de petits craquements sous ses mouvements de tête. Allongée sur le côté, elle atteint ses côtes avec ses doigts et les effleure en fermant les yeux. Elle sourit, essaie de toutes ses forces de rester bloquée dans cet instant. Toutes ses pensées ont pris congé.

Jacques rentre. Elle entend la machine à café tonner comme un tracteur.

« Tu viens ? »

Elle se débarbouille le visage dans la salle de bains et apparaît nue dans le salon. Trois fenêtres laissent passer un soleil éblouissant qui l'expose tout entière. Elle se tient près de la bibliothèque, debout, les bras ballants. Son corps est translucide, la rondeur de ses seins fait briller leur pâleur et ressortir leurs veines bleues. Elle veut tout montrer. Sur ses jambes la varice qu'elle déteste, sur son visage ses cernes violettes au milieu de la rondeur de ses traits à la lumière. Elle a le ventre et le bas du dos couverts de sperme séché, craquelé.

« Je peux t'emprunter un pyjama ? »

Il s'approche et, une fois face à elle, saisit ses fesses en collant sa bouche dans son cou. Elle a des frissons de bas en haut. Elle se retient de trembler. Il se retire, regarde ses seins. Il les prend et les fait peser dans ses mains, délicatement, comme s'il étudiait une étoffe de soie. Il a un sérieux enfantin. Incline la tête.

« Ils sont tellement fermes. »

Pendant qu'il lui passe des fringues, Jacques lui apprend que ça ne va pas durer. Dans à peu près cinq ans, ils se ramolliront, pendront un peu. Mais c'est chouette aussi. S'ils sont aussi beaux maintenant, y a pas de raison qu'ils changent de direction artistique. Elle ne s'imagine pas vieille, avec le corps flétri. Elle n'y arrive pas. Elle se voit continuellement fraîche et bonne.

Ils prennent un café et mangent des œufs à la coque. Jacques moud du poivre dans ses œufs et Ottessa l'imite. Il tranche des mouillettes dans la baguette de pain, les tartine de beurre salé. C'est… vraiment… délicieux. Elle se sert du champagne dans un verre à eau et demande s'il a du jus d'orange.

« Pouah », Jacques fait en ouvrant le frigo. Avec une grimace il lui tend la bouteille.

Elle rit et prépare son mimosa.

Quand ils terminent, Jacques se râcle la gorge, il pose sa main sur celle d'Ottessa.

« On retourne dans la chambre ? »

Elle hoche la tête avec le sourire qu'elle imagine plaqué sans relâche sur les filles qui ont de la chance.

Il l'emmène. Elle le laisse faire. Elle s'allonge et se glisse naturellement dans ses bras. Il l'enroule, se frotte à elle. Partout où il fait passer ses mains il jette un sort d'érogénéité. Elle frémit, écarte les jambes, le fait rentrer en elle et le serre de toutes ses forces en attrapant ses mains. Sa tête bascule en arrière pour recevoir ses coups de langue dans le cou. Il repousse ses cheveux pour embrasser ses oreilles. Quand il la pénètre, il lâche un gémissement. Il ferme les yeux et s'écroule sur elle. Elle peut à peine bouger, remue tout le bassin qu'elle peut pour mieux absorber son érection. Elle n'a rien à faire, à part se laisser désengourdir comme une barque qui tangue, balancée par les secousses. Elle est totalement hypnotisée par son visage au-dessus d'elle, par ce qui est en train de lui arriver, tout ça pour elle. La promptitude de leur intimité lui donne l'impression de s'être retrouvée à l'autre bout du monde en quelques heures. Il la retourne pour l'allonger sur le ventre, lui serre les jambes et s'enfonce à nouveau en elle. Il pousse des grognements étouffés dans son cou, elle sent la vapeur de son souffle se transformer en gouttelettes filantes. Il dit que c'est serré, et qu'il va jouir. Elle se fait une panique, à se dire que son vagin est trop large quand elle a les jambes écartées. Qu'elle est obligée de compresser ses jambes pour que Jacques sente quelque chose. Après toutes les bites qu'elle s'est prises, il doit être difforme. Elle joint les cuisses autant qu'elle peut. Elle croise ses chevilles. Sous la tension ses jambes se mettent à trembler. Jacques éjacule sur ses fesses. Elle crie en gesticulant pour sortir de sa paralysie. Il étale son sperme comme une huile de massage et va chercher du PQ. Elle donne des coups de poing à ses cuisses.

Ils reboivent un café. Rebaisent, puis font la sieste, imbriqués l'un dans l'autre.

« Je vais y aller », elle dit. Il est seize heures. Ils s'échangent leurs numéros.

Et à la seconde où elle quitte son appartement, elle se dit qu'elle a envie de passer tout son temps, sa vie, avec lui. Elle sent ses cellules se renouveler. Maintenant, elle a besoin de lui. Elle veut lui appartenir. Elle n'est pas malade, elle n'est pas folle-dingue, impulsive ou en souffrance affective. C'est l'amour de sa vie. Elle l'a trouvé. Elle a besoin de sa peau collée à la sienne, maintenant. Elle ferme les yeux en descendant les escaliers. Elle se tient à la rampe pour ne pas tomber. Elle veut tout enregistrer. Elle ne comprend pas pourquoi ils se séparent là. Elle voudrait continuer de traîner chez lui, n'en sortir qu'en cas d'urgence, avec sa main dans la sienne. Elle ne veut plus jamais s'éloigner de Jacques. Comment il arrive à vouloir rester seul après ça ? C'est elle qui a provoqué son départ. Elle s'attendait seulement à ce qu'il la contredise quand elle a annoncé qu'elle n'allait pas tarder. Au lieu de ça, il a dit « d'accord », comme s'il adhérait. Elle est déjà submergée par le manque, prête à vivre tous les chagrins d'amour du monde. Elle veut pleurer. N'arrive pas à faire venir le bouillonnement derrière ses yeux. Se rassure, donc. Elle ne doit pas être si triste.

Dans le taxi qui la dépose chez elle, Ottessa rappelle Soledad. Machinalement, elle demande « ça va ? » en s'étirant le diaphragme. « J'ai passé une nuit incroyable. » Elle ne s'en remet pas. Les rayons du soleil transpercent les vitres de la voiture. Elle croise le regard du chauffeur dans le rétroviseur, il a les yeux ridés par un sourire. Elle étale son bonheur sur la banquette arrière, sans laisser le temps à son amie d'en placer une. Mais Soledad répond en sanglots. Elle veut venir chez elle. Ou prendre un café dans son quartier. Ottessa doit d'abord repasser chez elle pour se changer, mais « Ok. À tout de suite ma belle ». Au supermarché, elle continue d'exhaler frénétiquement sa joie en chantonnant. Elle reste plantée dix minutes devant les boîtes de bandes de cire. Elle minaude, tête penchée. Elle se décide à en prendre une. La retourne et lit la notice en diagonale. Appliquer sur peau propre et sèche.

Son père lui ouvre et ne la trouve pas nette. Elle le rassure. Elle va très bien. Elle fonce dans sa chambre. Sur sa petite enceinte elle connecte son portable. Elle cherche une musique pour accompagner sa plénitude. Puis elle l'emporte dans la salle de bains, fait couler de l'eau chaude sur sa peau. Et en fermant les yeux, elle sent les caresses de Jacques sur son dos. Dans une brume de vapeur brûlante, elle applique religieusement du gommage sur toutes les parties de son corps. Sous ses mouvements circulaires, elle regarde partir les marques d'amour. Elle voudrait l'appeler, juste pour entendre sa voix. Elle prolonge la cérémonie en se rinçant méthodiquement. Elle passe des plombes à envelopper ses bras de lotion soyeuse. Le regard attentif, elle joue à la servante, dévouée aux ablutions de sa maîtresse. Les claviers de « Be My Wife » renchérissent pour la huitième fois quand elle sort de la douche. Elle est dans le brouillard. Elle enroule une serviette autour d'elle. Fait craquer sa clavicule au ralenti. Un liquide transparent se déverse de son vagin et gorge aussitôt le tapis de bain. Elle coupe la musique. Tête baissée, ahurie. Le téléphone à la main, elle appelle Jacques. Essaie de maintenir l'éclat de rire spontané dans ses joues gonflées. L'attente de sa réponse lui fait perdre son souffle. Elle presse son sexe. Ouvre la porte pour évacuer l'air. Quand Jacques décroche, elle émet un gros rire, nasillard et aigu. Jacques semble amusé.

« Qu'est-ce qu'il y a ?

— Non, rien… »

Il n'insiste pas. Ça la vexe. Elle le trouve orgueilleux. Elle s'attendait à ce qu'il lui dise je t'aime direct. Ou un truc similaire. Elle veut une preuve d'engagement immédiat, un signe de justification du raz de marée qui lui a submergé le cœur et l'utérus. Que Jacques ne peut plus se passer d'elle.

Il a l'air distrait, impatient que ça se termine, comme s'il était déjà avec quelqu'un d'autre. Elle est prise de panique. La gorge serrée, ellc subit le trop long silence qu'elle fait planer.

Alors elle force une expiration. Se rend compte qu'elle est brusquement en train de creuser un fossé amoureux. Pose son front dans une main.

« Je regrette, elle renifle. Je crois. » Attentive au moindre bruit à l'autre bout du fil. « C'est grave non ?

— De quoi ? » Jacques répond mollement. On dirait qu'il a sa bouche dans un oreiller.

« Bah Chloé, c'est ma meilleure amie. »

Elle attend que Jacques soit saisi par un sentiment d'urgence. Elle pourrait lui souffler ce qu'il devrait dire. Il a l'air de ne pas savoir lui-même. Elle lui dirait de dire : « Je suis pas avec Chloé, tu n'as pas à regretter. » Ou bien : « C'était inévitable. Non ? C'était pas inévitable ? » Elle voudrait entendre le sourire dans sa voix, elle voudrait qu'il la réconforte comme une petite fille. « Tu regrettes vraiment ? Moi je pense que je peux tomber amoureux de toi. » Il ferait une pause. « Vraiment, Ottessa. » Elle est face à son miroir, se regarde avec émotion. Elle hoche doucement la tête pour lui faire comprendre qu'elle le croit.

Mais Jacques n'intervient pas, il la laisse parler.

Pour l'encourager, elle fait des pauses. Comme quand on tourne le dos à quelqu'un en espérant qu'il nous coure après. Mais Jacques n'est pas un gamin. Il la prend au sérieux. Il ne savait pas que Chloé était sa meilleure amie. Elle a raison, c'est mieux de préserver son amitié. « Au revoir, il dit. C'était sympa en tout cas. »

Il attend quelques secondes. Elle est paralysée. Bouche ouverte, s'étouffe par un « au revoir » tout bas.

Il raccroche.

Elle se retrouve là, immobile toujours. Ses actes entraînent des conséquences. Constat qui la scandalise. Il est plus vieux qu'elle, évidemment qu'il est raisonnable. Pourquoi elle ne s'est pas contentée d'une conversation calme, sans drame ? Pourquoi elle l'a appelé en fait ? Elle est blême, se met à claquer des dents, et fait tomber le téléphone. Elle se fait un film. Elle se raconte que le destin, c'est un vrai truc, que Soledad a raison. Que toutes ses souffrances, ses embûches, sa torture l'ont menée à Jacques. Que cette rencontre a le pouvoir de tout justifier. Et qu'elle avait une seule tâche, ne rien faire. Elle devait simplement ne rien faire. Continuer de regarder la scène comme si elle n'y participait pas. Se laisser porter. Elle pouvait juste être là, sans anticiper. Elle pouvait rentrer chez elle et se sentir déjà rassasiée. Elle pouvait même se dire que si elle ne le revoyait pas, c'était déjà ça de pris. Une nuit qu'elle garderait en mémoire, immaculée, débarrassée de suite et de statut. Mais il a fallu qu'elle en veuille plus. Elle est gloutonne. Et elle s'est mangé un mur. Elle se fixe encore, le regard rouge et accusateur. Sidérée par le coup de pute qu'elle vient de se faire, elle décide de le rappeler sans savoir ce qu'elle dira. Sa spontanéité toute-puissante. Elle se complaît dans son instinct alors qu'il est faillible. Comme un zombie en mission, les yeux possédés, elle colle le téléphone à son oreille.

Il décroche. Elle ne dit rien. Il sait qu'elle est au bout du fil. Il attend. Elle se met à pleurer. Il entend un reniflement, puis un sanglot, éperdu et strident. C'est désagréable. Il a peut-être des merdes à gérer dans sa vie. Elle s'en fout. Il a pitié, il ne raccroche pas. « Je suis perdue », elle dit. Les pleurs et geignements l'interrompent. De toute façon, elle ne sait pas quoi dire d'autre. Elle souffre tellement, ça donne envie de l'abattre. Elle soupire, respire bruyamment pour se calmer. Elle a des spasmes, un début de hoquet.

« Je veux pas qu'on arrête de se voir », elle dit.

Elle a déraillé. Elle a très envie de lui dire qu'elle est déjà folle de lui, mais elle baisse le téléphone pour s'envoyer une gifle monumentale. Elle se reprend.

« Tu me troubles… elle rit. Ça me fait faire n'importe quoi…

— Je t'arrête tout de suite », il dit. Calmement, comme s'il ne jouait pas sa vie. Il lui explique que l'instabilité, très peu pour lui. Il a donné. Ça lui fait peur en fait. Il préfère qu'ils s'arrêtent là. Elle pulvérise le sol des yeux. Les couleurs s'estompent. Tout devient gris. Elle est moche. Yeux globuleux mouillés, elle mesure son pouvoir de nuisance sur sa propre vie. Si elle a autant de force de frappe pour se saborder, pourquoi elle n'en a aucune pour s'aider ? Sa respiration s'accélère. Elle est en train de perdre. Elle fait le pacte avec elle-même de ne plus jamais l'ouvrir avant d'avoir réfléchi. Mais elle ne le tiendra pas. Elle n'a que seize ans. Pour qu'elle le tienne il faudrait qu'il lui reste deux semaines à vivre maximum. À moins qu'elle écope d'une mort prématurée, elle va encore avoir des dizaines de milliers d'occasions de se torpiller.

Elle se débat comme une dératée. Elle est stable, elle lui jure. Elle le sent dans son ventre qu'ils doivent continuer. Elle empoigne et serre la peau de son abdomen. Elle veut retirer sa chair de condamnée pour devenir un nouveau personnage, tout neuf, plus combatif et plus fiable. Elle se répète en boucle les mêmes arguments. C'est foutu. À ce stade, elle veut juste gratter quelques minutes de plus au téléphone. Jacques ne dit rien. Il a déjà tout dit. Et elle aussi. Elle veut qu'il parle. Mais lui, il veut raccrocher. Alors elle sort un grand bruit de gorge, différent de ce qu'elle avait prévu la seconde d'avant. Un cri de folle, un cri fracturé. Jacques, toujours au bout du fil, soupire. « Courage Ottessa. Salut. »

Il lui laisse le mot de la fin, un silence de trois généreuses secondes. Elle n'ajoute rien. Il raccroche.

Le nœud dans sa poitrine se serre et elle éjecte un déluge de pleurs. Cette fois, sûre d'elle, elle le rappelle tout de suite. Elle est en guerre. Elle ne lâchera rien. Il ne répond pas. Elle sèche avec sa serviette son visage dégoulinant de larmes. Comme un pare-brise sous une pluie torrentielle, elle voit flou. Sa vision se rétrécit. Elle ne voit que son portable et le vide. Elle sort de la salle de bains, débarque dans sa chambre avec son enceinte dans les mains, sa serviette autour du torse. Jette son enceinte par terre. Elle est déterminée. Elle va montrer au monde entier qu'elle en veut. Elle va réussir à le convaincre. Un événement historique est en train de se jouer. Son potentiel de réalisation tient entre ses mains.

Elle le rappelle encore. Absorbée par sa tâche, elle ne cligne pas des yeux. Ça lui a fait du bien la baffe. Elle s'en redonne une. La joue chaude, ça la calme autant que ça l'électrise. Elle doit coûte que coûte vivre cette histoire avec lui. Il ne répond pas. Elle noue solidement sa serviette sous ses aisselles, se fait un pagne qui tient la route. Une main sur sa taille, elle arpente sa chambre de long en large avec une vigueur de crise. Il ne répond pas. Elle raccroche et rappelle tout de suite. Elle serre la mâchoire. Il ne répond pas. Elle ne capitulera pas. C'est mal la connaître. Il ne répond pas. Elle hurle comme une jument à l'agonie. Son père entre en panique.

« Oooh », il dit.

« J'ai mes règles, lâche-moi », elle dit. Ottessa a le teint mauve et les dents qui s'entrechoquent. Son père allume l'interrupteur en marmonnant qu'elle est dans le noir.

« Qu'est-ce que tu veux manger ce soir ?

— Rien !

— D'accord. »

Il s'apprête à refermer la porte mais elle l'arrête. Elle veut qu'il fasse des pâtes aux champignons en fait. Sa recette à elle. Il doit suivre ses indications à la lettre. Il s'assoit sur son lit pour l'écouter. Elle lui demande s'il ne veut pas prendre des notes, des fois que son cerveau de vieux lui jouerait des tours. Il se prend au jeu, et relève le défi de tout retenir. Déjà, elle veut un mélange de cèpes et de pleurotes. Elle les veut hachés menu, à la poêle, avec de l'huile d'olive et du beurre salé. Elle veut qu'il poivre et qu'il persille. Elle veut qu'il mette de l'ail au dernier moment, et des échalotes un peu avant. Pareil, hachées menu. C'est très important. Les pâtes, des spaghettis, al dente. Neuf minutes la cuisson. Il prélève un verre d'eau amidonnée. Quand les champignons ont fondu, elle veut qu'il mette un demi-paquet de parmesan dans la poêle et qu'au fur et à mesure il rajoute l'eau des pâtes pour former une crème. Il doit saler encore. Et remuer dans la poêle. Ensuite il doit balancer la sauce dans la casserole avec les pâtes égouttées. Et mettre le reste du paquet de parmesan, et du persil. Il objecte que sans crème liquide ça va rien donner.

« Je suis au régime.

— De la crème légère. »

Il obtient gain de cause. Il a l'impression de partager un moment avec sa fille. Ça le fait rire, et en même temps elle l'inquiète. Il quitte la chambre en promettant de respecter ses consignes.

Elle continue d'appeler Jacques. Elle l'appelle vingt fois. Cinquante fois. La dernière conversation qu'ils ont eue a solidifié leur relation. Ils ne peuvent pas s'arrêter là. Qu'il le veuille ou non, ça a déjà commencé. Il a déjà changé sa vie. Ça ne sonne plus, elle tombe directement sur sa messagerie. Elle broie ses doigts avec ses dents. Fait saigner ses phalanges.

Elle fout sa serviette au sol. Elle ouvre sa boîte de bandes de cire. Elle en sort une, la réchauffe entre ses paumes tremblantes.

Assise sur le bord de son lit, elle rabat ses pieds et écarte ses jambes, l'applique à l'aveugle sur son pubis. Elle ne peut pas concevoir de perdre Jacques. Elle va le retrouver ce soir. Cette fois, elle ne fera pas l'erreur de le quitter. Elle va revenir chez lui et il faudra se lever de bonne heure pour la foutre dehors. Elle fait tomber sa tête en arrière. Prend une inspiration. Arrache la bande. Elle pousse un cri guttural. Regarde la bande. Regarde les traces de sang. Et une multitude de poils dressés. Elle la jette par terre. En plaque trois autres d'un coup. Les lèvres internes capturées dans la cire se déchirent et saignent au moment où elle retire l'une des bandes. Elle en colle une nouvelle directement sur ses plaies. Elle s'en met une au fond des fesses. Se griffe l'anus pour faire partir les bouts de cire récalcitrants. Du sang se loge sous ses ongles. Au sol, les bandes s'accumulent, poilues et ensanglantées, dans le bruissement perçant et répété de celles qu'Ottessa arrache. Leur son crissant l'encourage. Sensation de friction qui bloque le flux de ses pensées. Elle en saisit une du bout des doigts. La dépose sur son bureau en veillant à lui faire garder sa forme onduleuse. Comme une pièce à conviction. Brandit dessus une lumière blanche. Le relief de ses poils fait apparaître leur bulbe. Ils ont l'air vivants. La cire a figé les gouttes de sang dans leur mouvement en recopiant distinctement le grain de sa peau. Elle examine le lambeau comme un futur vestige personnel. Elle serait morte et la bande lui survivrait. Elle la prend en photo avec son téléphone. Et c'est comme ça avec les photos, elle les prend puis se sent obligée de les envoyer à quelqu'un. Si Jacques ne l'avait pas bloquée, elle ne l'aurait jamais envoyée à Oscar.

Vérifie ton courrier bâtard.

Ottessa sourit à son message. Son sexe brûlant la fait grimacer. Il a doublé de volume. Elle l'observe dans le miroir, avec ses poils incarnés et ses boutons rouges. On dirait le menton acnéique d'un adolescent. Une ecchymose se forme. Elle se tord en sentant une colonie de fourmis envahir sa raie du cul. L'intérieur de son corps rugit. Elle a le sentiment d'une déflagration. Hémorragie interne. D'avoir massacré son système circulatoire. Les larmes aux yeux, elle enfile un pyjama, se met sous sa couette. Se force à grelotter. Elle suce son pouce, se caresse le nez avec l'index. Elle se demande si ses veines injectées sont en train de lui déformer le front. Elle voudrait avoir l'air monstrueuse. Elle est persuadée que quelque part, Jacques peut la voir. Elle se donne à fond. Qu'il culpabilise.

Elle enserre une partie de la couverture avec sa jambe droite. Elle s'agite comme si elle priait désespérément. Elle se berce. Elle ferme les yeux. Passe une main dans sa nuque, sa taille. Se presse les seins. Sa bouche se rapproche de son avant-bras. Les yeux clos, elle gonfle les lèvres pour l'atteindre et l'embrasser. Elle veut lui parler.

« Tu veux ? Tu veux vivre ici ?

— Oui je crois. Et toi ?

— Oui, moi je veux vivre ici. »

Elle se met à remuer les hanches, donner de grands coups de bassin dans le vide. *« Enc… ore. Encore, encore, encore. »*

Elle ne saura pas si Jacques risque de mourir. Ou s'il veut mourir. Rien de son expérience de la violence ni de l'affection. Ce qui le déconcentre et ce qui le fait rire en pleurant. Sa façon de parler aux serveurs. S'il s'angoisse pour l'argent. Quand il se sent exclu. Quand il se sent seul. S'il se fait du mal, s'il bredouille en dormant. S'il dit « je t'aime » en regardant dans les yeux. Ou s'il ne le dit jamais. Elle ne saura pas ce qu'il fait dans la vie. Elle ne connaîtra pas son nom de famille. Elle n'aura même pas pu voir ses pieds. Elle se rassure en s'imaginant d'immondes gigots crochus. Mais elle a vu ses mains. Soignées, masculines et veineuses. Rien que ce souvenir de leur contact sur sa peau la fait frissonner et chialer. Elle a une gueule pas possible. On dirait un bébé malformé. Elle se masturbe violemment, se pénètre avec tous ses doigts. S'écorche encore la vulve. Son vagin terrifié se contracte. Fait grève en s'asséchant. Elle gratte sa surface pour se faire jouir. Elle est rouge. Des plis plein le visage et de la bave sur le rebord des lèvres. Il n'y en aura jamais assez pour elle.

Elle va mourir de frustration. Elle jouit dans un sanglot silencieux, tandis que son père devant sa porte lui dit qu'il va acheter les ingrédients pour ses pâtes.

« Tu as besoin de quelque chose ? »

Sa respiration effrénée jette une flaque de morve sur son oreiller.

« On a des enveloppes ? elle réussit à articuler.

— Oui, tu veux un timbre aussi ? »

Elle ne répond pas. A déjà oublié qu'elle lui parlait. Somnole en agitant les jambes.

« Voilà, enveloppe et timbre. »

Il les fait glisser sous sa porte.

Ses coups de langue incessants ont fripé son avant-bras. Elle ne jouit avec personne d'autre qu'elle-même. Elle a peur qu'on lui fasse ce qu'elle veut. Tout son corps gigote comme si elle se prenait une décharge. Ses yeux partent vers le haut. Son téléphone sonne. Soledad l'attend au café, *Tu m'as pas oubliée ?*.

Ottessa se passe un rapide un coup d'eau sur le visage et enfile des fringues propres. Un collant en dessous d'un pantalon, des bottes fourrées, un sous-pull à col roulé et un gilet en laine. Elle récupère l'enveloppe au sol, y introduit la bande la plus maculée et fourre le tout dans son manteau.

Dans l'ascenseur pour descendre elle a un flash. Elle imagine un dîner, Jacques subit un voisin de table. Il en a après les jeunes. Il leur reproche leur abstentionnisme, leur paresse, l'ingratitude, les exigences irréalistes. Jacques se souvient de l'émotion dans laquelle Ottessa l'a plongé ce matin-là. Il a envie de faire entendre son point de vue. Il dit « je ne crois pas que ce soit vrai ». Toutes les têtes se braquent vers lui. On veut des preuves, des exemples et des sources. Jacques dit seulement qu'il en a rencontré une. D'hyène placardisante. Si on se donnait la peine d'ouvrir le dialogue, on ferait l'expérience de la compassion, *la compassion ?,* dont on aurait dû bénéficier à leur âge.

L'assemblée se transforme en poulailler. Tout le monde lâche ses couverts et lèche ses babines. On veut savoir. « Depuis quand ? », « comment ? », « qui ? », « mais !… c'est qui ??! ».

Et ça… ça, ça le ferait l'aimer.

Les portes de l'ascenseur s'ouvrent. Ottessa va voir Soledad puis elle met fin à ses jours. C'est décidé. On l'a dotée d'une nature incapable de supporter l'intensité, c'est pas sa faute. Elle espère et ensuite elle foire tout. Elle fera moins chier le monde entier si elle se fout en l'air.

Deux monacos sont posés sur la table. Soledad est sur son portable. Elle surprend l'arrivée d'Ottessa un peu avant qu'elle vienne s'asseoir. En se dirigeant vers elle, Ottessa affiche un pauvre sourire pincé. Pour que personne ne décèle le plan qu'elle a en tête. Elle est quand même en train de vivre la dernière soirée de sa vie, elle pourrait en profiter. Prendre la carte bleue de son père, acheter de l'héroïne, louer une limousine et crever dedans. Elle pourrait hurler dans les rues à poil. Et aussi tuer au couteau tous ceux qu'elle croise. Elle pourrait baiser avec trente mecs d'affilée, sans préservatif, défoncer les vitrines des bijouteries et donner son butin à des SDF. Aller chier au milieu d'une piste de danse. Elle pourrait aller voir ses grands-parents, se frotter à eux, raser la tête de sa grand-mère et lui faire un piercing au clitoris. Tous les secrets qu'elle garde, tous les codes d'immeuble qu'elle connaît. Elle pourrait tout balancer. Souiller un monde qui ne lui a rien donné. Le problème, c'est qu'elle n'a plus d'énergie. Elle se demande combien de temps elle tiendrait si elle vivait exactement comme elle l'entendait. Elle boit une gorgée et allume une cigarette. En rendant le briquet à Soledad, elle regarde son visage pour la première fois.

Elle a une boule de coton dans le nez et la lèvre inférieure ouverte. Un œil au beurre noir à moitié fermé. Elle a un sac à cordon avec des fringues fourrées à l'arrache dedans. Elle dit « salut », en s'empressant de fermer la bouche juste après. Elle laisse Ottessa l'observer pour s'éviter de tout expliquer. Immobile, Ottessa reste suspendue à son visage. Elle n'entend plus rien. Ses gestes se sont figés, ses pupilles se sont dilatées. Elle regarde Soledad comme un animal sauvage dont elle doutait de l'existence. Qu'elle aurait vu en photo et qu'elle n'imaginait pas pouvoir observer d'aussi près. À la fois fascinée et méfiante, elle fixe les traits de Soledad qui peu à peu se détendent. Soledad sourit. On dirait même qu'elle se retient de rire. On survit à ce qu'elle a vécu. Ottessa déconcentre sa focale de l'ensemble du tableau, cligne des yeux en rafale, et tire sur sa cigarette en louchant dessus. Soledad a le sourire d'une grande sœur qui fait banalement les expériences de la vie. Elle a redoublé deux fois. Ottessa la respecte et ne la respecte pas en même temps. Elle mord sa joue, donne un coup de menton en direction de Soledad.

« Donc… tu me racontes ? »

Soledad sourit. De la tête, elle fait non. Ottessa lève les sourcils, l'air de demander « t'es sûre ? ». Soledad ferme les paupières. De la tête, elle fait oui. Ottessa décroche son regard et tire sur sa clope. Heureusement qu'y a la clope.

« Alors, ta nuit extraordinaire ? » Soledad demande.

En recrachant la fumée, sa gorge serrée se détend. Auprès de Soledad, son histoire n'est pas finie. Elle se concentre pour se souvenir de son air devant le miroir. Jacques ne lui a pas dit adieu, il lui a dit « courage ». Elle va le revoir. Une vague de relaxation la parcourt et la revigore. Elle reprend des couleurs, raconte tout à Soledad comme le début d'une histoire d'amour.

Soledad ne la juge pas. Elle est projetée au rang de nouvelle meilleure amie. Ottessa s'accoude. La joue dans sa main, rêveuse, elle s'étonne à voix haute de la chance qu'elle a. D'avoir rencontré l'homme de sa vie. C'est un mensonge innocent. Un petit pansement qu'elle devra enlever plus tard. Si Jacques ne revient jamais, elle préfère pour l'instant se prélasser dans son illusion comme dans un bon bain chaud. Elles recommandent des monacos.

Hier soir, Soledad a fait un shift dans la boîte. Son mec essayait de l'appeler non-stop mais elle était occupée à préparer des verres à la chaîne. Avant que la soirée ne commence, elle a sympathisé avec Baptiste, le DJ. Un blond à bouclettes qui réfléchit à un modèle de vie en communauté. Il y a dix ans, il a entamé une phase psychotropes ininterrompue. Il a montré à Soledad une vidéo de lui en train de se faire exorciser par une guérisseuse au milieu d'une forêt. Ça pourrait être en Amazonie comme en Auvergne. Sous ayahuasca, l'air exorbité et la peau moite, des boutons de moustique sur toute la surface du dos, un débardeur blanc trempé. Il hurle comme si on était en train de le brûler vivant. Dans l'oreille de Soledad il a murmuré : « Adios les traumas. » Il lui a raconté que depuis son trip en Bolivie, son job a pris une toute autre dimension. Il a dit « l'âme d'une foule ». Il a expliqué qu'il arrivait mieux à ressentir. Pour deux cents balles, un magnétiseur lui a dit qu'on était tous identiques. Seulement soumis aux repentances de nos vies antérieures. Que lui, dans la sienne, c'était un aventurier, genre un marin, mais vaincu. Maintenant, il a une quête. Maintenant il ne cherche plus à s'occuper que de lui. Il s'occupe aussi de sa vie d'avant. Ça lui prend tout son temps. Il se fait tatouer « identique » dans la langue de chaque pays qu'il visite.

« On est identiques les uns aux autres, et les différentes manières de réagir à une musique c'est juste des postures hyper simples à désamorcer. »

Il s'était payé une licence de socio en un trip de douze heures.

Soledad l'écoutait sérieusement. Elle disait « wow » pour ponctuer ses observations. Baptiste ça lui avait fait plaisir.

Il avait trouvé une oreille dévouée. Il venait régulièrement voir Soledad pour recharger sa batterie narcissique. Elle lui faisait des cocktails et en échange il la pelotait. Elle s'était laissé faire. De toute évidence, il lui plaisait. Sauf qu'à trois heures du mat, son mec a débarqué, paniqué à juste titre que Soledad ne réponde pas – au moment où Baptiste la tripotait sous le T-shirt. Face à l'affront, le mec de Soledad a bondi sur le DJ, il lui a éclaté la tronche avec une bouteille. Il a sorti Soledad de la boîte par les chev…

« Attends, c'est mon père, j'ai oublié de lui dire que je dînais pas à la maison. »

Le père d'Ottessa lui annonce que son plat de pâtes l'attend. Il ajoute qu'il n'a pas compris son dernier message. Est-ce qu'elle va bien ? Est-ce qu'elle veut parler ? Il est là pour elle. Avec les formes, elle l'envoie chier. C'est encore meilleur réchauffé. Il a envie de la monter en l'air. Mais la dernière fois qu'il lui a gueulé dessus, elle s'est barrée sans donner de signe de vie pendant une semaine. Il approuve et raccroche.

En verrouillant son portable, elle entend Soledad dire un truc indistinct. Ottessa rallume immédiatement son écran et croit rêver. Elle ouvre grand la bouche. Elle se lève d'un coup, elle fait tomber sa chaise. Elle court aux toilettes pour aller y hurler de toutes ses forces. Toute seule à la table, Soledad stérilise une nouvelle compresse pour remplacer celle imbibée de sang dans son nez.

Ottessa fait un bond devant le lavabo. Elle éclate de rire. Elle fait un autre bond, saute tellement haut qu'elle explose l'ampoule de la petite suspension murale. Elle pousse un glapissement aigu. Elle chante, les yeux immenses.

Je dîne avec des amis pas loin de chez moi, si tu veux venir.

Dans le miroir, elle voit ses traits tirés. Elle remonte à l'étage en gesticulant, explique à Soledad qu'elle va aller voir Jacques. Elle a besoin de maquillage. Soledad ouvre son sac à cordon et donne sa trousse à Ottessa.

« Tu veux bien m'héberger quelques jours ? Désolée de te demander ça, mais j'ai pas très envie de retourner chez moi, là, avec… »

Ottessa dépose de l'anticernes sur son visage. Elle se regarde dans le poudrier. Elle est sérieuse comme si elle sauvait une vie. Elle tend une main à Soledad et l'interrompt : « Mais oui, ma belle, elle dit. Ça va ma gueule ou pas du tout ? »

Ottessa va devoir emmener Soledad au restau avec son cocard. Devant Jacques et ses potes. Mais au moins elle se sentira belle à côté de sa copine.

Soledad est ravie. Elle décide de payer des shots avant de partir. Dans le métro, par contre, elle déchante. Ottessa lui fait passer un trajet infernal. Jacques va réaliser qu'elle est moche, conne. Soledad tente de la rassurer. Ottessa n'écoute pas. Alors Soledad finit par répéter en automatique « mais non » à chacune de ses complaintes. Ottessa prend le bras de Soledad et ferme les yeux en tentant de respirer plus calmement.

Bientôt ce sera le printemps. Jacques et elle se baladeront main dans la main, doigts entrelacés. Ils s'achèteront des cadeaux débiles, qui avec le temps prendront une valeur incalculable. Ils mangeront une glace sur un banc au soleil. Jacques glissera sa main dans le bas de son dos. La regardera avec la peur obsédante de la perdre. Il lui chuchotera un truc à l'oreille et elle fondra en éclats de rire. Ils fouleront les pavés de rues silencieuses, seuls au monde. Regarderont la lumière rose du soir se déposer sur leurs joues. Ils boiront des spritz, des kirs, toutes les boissons sucrées enivrantes qui donneront à leur bouche une texture liquoreuse. Avant d'entrer dans une brasserie, ils s'arrêteront à tous les coins de rue pour embrasser une nouvelle partie de leur visage. Jacques embrassera les yeux d'Ottessa et elle l'embrassera au-dessus de la bouche.

Elle a confiance. Elle comprend pourquoi c'était elle, et pas un autre spermatozoïde qui a gagné la course. La vie, elle est faite pour ça. Tout va bien se passer. Toute cette adrénaline. Ces dangers dont elle sort indemne. Puisqu'il faut bien sacrifier quelque chose, ce sera son amitié avec Chloé. Chloé l'a bloquée, ne veut plus entendre parler d'elle. Au moins elle peut revoir Jacques sans scrupules. De toute façon, elle n'aurait pas lâché le morceau. Elle tient à cette rencontre comme à un ticket de loto gagnant. C'est le symbole de sa résurrection, n'accepter que ce qui roule.

Tant pis pour Chloé, elle la remplacera par Soledad. Elle ouvre les yeux et trouve que sa nouvelle meilleure amie a l'air contrariée. Elle regarde par la fenêtre du métro alors qu'il n'y a rien à voir. Elle est pensive, a mollement posé sa tête contre la vitre. Ottessa lui presse le bras qu'elle tient depuis tout à l'heure pour capter son attention. Elle affiche une sorte de supplique sur son visage. Il faut qu'elles aient l'air complices en arrivant. Que Jacques ne se dise pas qu'elle a ramené la première fille dispo. Ou que Soledad et elle ne sont pas vraiment proches.

« Tu m'en veux ?

— Non, pas du tout. »

Elle lui sourit à nouveau. Soledad a le profil d'une reine égyptienne, malgré sa gueule amochée. Ottessa s'est maquillée comme un camion volé et se trouve ridicule à côté d'elle. La queue-de-cheval haute est la coiffure qui va le mieux à Soledad. Elle fait ressortir ses yeux perçants et sa mâchoire marquée. Ses oreilles aussi, trouées de partout et qui prouvent qu'elle a tout vécu. Ça donne tout de suite un côté indépendant, les oreilles pleines de piercings. Genre *j'en ai trop vu, faut que j'aille chez le perceur. Quatre trous là, et trois là s'il vous plaît. Les gens doivent savoir.*

Il a craqué. Il en parlait mine de rien, et ça a craqué en lui. Jacques a rejoint ses potes dans un bar d'hôtel. Il a enfourné une olive dans sa bouche et il a parlé d'elle. Devant lui, assis de l'autre côté de la petite table ronde, on l'écoute. En même temps qu'il mâche, ses yeux fuient dans différentes directions. Il dit qu'il a passé la nuit avec une fille. Enfin deux filles, mais l'une d'elles s'est barrée. Au réveil, il ne restait plus que celle qu'il ne connaissait pas. Elle est jeune. Pas d'âge. Jusqu'à ce qu'elle tape une crise de nerfs au téléphone. Il a le songe sur son visage, qu'il dissipe en fixant le noyau d'olive.

Dommage, avant ça, c'était bien… Il ne regarde pas ses potes dans les yeux quand il en parle. Ils sont tous maqués depuis des lustres, mariés, avec des gosses. Lui est partagé entre la honte et la fierté de vivre encore des aventures insignifiantes avec des filles qui sortent de nulle part. Il ne sait pas ce qu'ils en pensent, il préfère la jouer profil bas, tout en profitant d'un espace pour en parler. C'est une nature. Quand une fille lui plaît, il doit y aller. Il a une sorte de faim infinie. Certaines ne lui inspirent rien, d'autres le touchent. Il n'a pas de grande théorie sur les femmes et son rapport à elles. Il ne les réduit pas, ni ne les vénère. Faut juste qu'il les baise toutes. Il y a quelque chose chez lui, comme un devoir, quelque chose chez lui que tout le monde sait, dont tout le monde rit. Personne ne s'en étonne, ça fonctionne. Il est rigoureux dans son objectif.

Il dit que la jeunesse c'est bien, sauf si elle est trop apparente.

Ses potes trouvent qu'il exagère d'être si catégorique. Si elle a paniqué, c'est qu'elle l'aime bien. Peut-être que ça vaut le coup d'essayer. Ils ont envie qu'il se case aussi, pour arrêter de baver devant la liberté qu'il exhibe à chaque sortie. Ils se persuadent qu'au fond, ce mode de vie déprimant aurait raison d'eux, qu'il aura sûrement raison de Jacques. Ils en ont rencontré plein et ils sont contents de continuer à en rencontrer, des jolies filles. Qu'elles s'asseyent à leur table, qu'elles leur parlent, et qu'ils s'imaginent l'espace d'un instant que c'est parce qu'elles s'intéressent à eux.

Jacques a le privilège de la beauté. À trente-sept ans, il en fait trente. Le teint lumineux, les yeux mûris de la bonne fatigue – pas la fatigue cadavérique qui consiste à ne plus rien pouvoir entendre ni supporter. Il aime la solitude. Ça lui va bien. Il veut des enfants, mais un peu par magie. Sans tout l'attirail qui vient avec. Il est seul depuis longtemps et il s'y est fait. Il n'a plus l'habitude qu'on lui impose des trucs à faire, des trucs à dire. Et à son âge, le couple est un choix, pas le fruit naturel du hasard. S'il veut se caser, il va devoir désigner une femme à qui tendre la laisse. Il a peur qu'Ottessa s'emballe s'il la revoit. Elle doit être à peine majeure, ne doit pas avoir vécu le centième de ses expériences à lui. Elle parle en sachant que rien de ce qu'elle dit ne trouvera d'écho. Elle a l'impatience dans les traits, la bouche qui frémit quand elle rit, les sillons qui se creusent trop profondément. Il a son regard noir en tête, ses deux billes brillantes solidement plantées dans sa peau claire. Qui percent à jour des énigmes, comme des maillons, les uns après les autres, pour qu'une grande chaîne sensée finisse par apparaître devant elle. Elle est assertive sans s'en rendre compte. Quand elle l'interrogeait, elle donnait un coup vers l'avant avec son cou, sec et abrupt. Mais les plis autour de ses yeux organisent son expression. Ses plis mignons, ses sourcils levés dans une expression légère d'amusement et de confiance. C'est un visage complexe, un visage nouveau surtout. Et la nouveauté agit sur lui comme une passion distrayante.

Jacques a frissonné quand il a évoqué sa peau laiteuse. Il a un truc obsessionnel avec ça.

Et puis, c'est un fou de la chatte. Il se demande d'ailleurs si c'est le lien qu'il fait avec la qualité de la peau. Une peau de visage doit être lisse, sans aspérités ni brillance, seulement aux endroits qui révèlent l'angulosité des traits. Au-dessus des pommettes et au-dessus des sourcils, c'est ce qui donne au visage une apparence de poupée. Il doit essayer de déceler dans le visage la forme et la douceur d'une chatte. Plus le visage est délicat, la peau nette et fraîche, plus la chatte ressemblera à de la porcelaine. La bouche lui sert aussi d'indicateur, plutôt celui de l'état intérieur de la chatte. Ottessa a la bouche charnue, qu'elle humidifiait régulièrement avec sa langue, une couleur rose reluisante, comme une fraise. Il a envie de dire à ses potes qu'elle ressemble à un bonbon, mais se retient. Il préfère le lui dire à elle, alors il change d'avis, il lui écrit.

Quand elle débarque avec Soledad dans l'espace tamisé, Jacques lui sourit. Il la voit auréolée d'une douceur cotonneuse. Il a envie de la sentir près de lui. Ça sent l'orange et le feu de bois. Soledad lève les sourcils, brusquée par l'incommodité. Les tons sont bleu pastel et dorés, le comptoir est en marbre et granit. Elle voit la silhouette des trois hommes, en chemises et pulls par-dessus. Des looks de darons qui font les beaux. Soledad ne se souvient pas avoir déjà eu dans sa vie ne serait-ce qu'un bref échange avec un gars qui ressemble à ça. Son mec porte des joggings blancs qui ont déteint au lavage, et au mieux des joggings bien coupés plus sombres. Mais elle a le malaise respectueux. Ça se lève et ça se fait la bise. Ça se pique les lèvres avec les épines drues des barbes de trois jours. Ottessa sourit, les paupières figées dans un pli qu'elle espère décontracté. Soledad baisse la tête, redoute le moment où elle va surprendre l'expression effrayée de l'un d'eux en découvrant son visage. Elle ne relève rien. Ils ont capté dès qu'ils l'ont vue au loin et n'ont pas besoin de satisfaire leur curiosité. Ils lui font une place sur un des fauteuils et se mettent à lui poser des questions qui n'ont rien à voir avec ses blessures. L'un d'eux va leur chercher des verres au bar. On a libéré la place à côté de Jacques pour Ottessa. Jacques s'approche tout près d'elle. Il lui dit qu'il s'est ravisé. « J'ai vu », elle dit, le cœur battant qui l'empêche d'entendre le son de sa voix. Elle pose à plat ses deux mains sur ses cuisses. Elle a un verre devant elle avec une énorme tranche de fenouil qui baigne dans les glaçons. Elle décroche une main pour le pincer du bout des doigts. Elle boit une gorgée de son cocktail et sent Jacques qui la fixe toujours. Consciente de ses gestes, elle réévalue les parties de son propre corps à partir de ce qu'elle sait de lui. Sauf qu'elle ignore presque tout. Elle cherche à connaître son point faible. Elle veut qu'on lui souffle le truc dévastateur qu'elle pourrait faire pour gagner du temps, pour le rendre fou malade d'elle. Une partie de son corps à montrer davantage, un mot à prononcer en traînant une syllabe, hausser le ton sur un accent, aborder un sujet qui le passionnerait, avoir un réflexe nerveux qui lui serait familier. En cherchant, elle se rend compte que le temps s'écoule sans qu'elle ouvre la bouche. Elle se comporte comme une plante verte, complaisante avec la beauté qu'elle n'a pas. Assez somptueuse pour se dispenser de paroles.

Elle a très peur qu'on la bouscule. Que l'un d'eux s'adresse à elle, ne serait-ce que pour faire une blague.

« Eh, ça va, t'es pas si belle.

— Quoi ?

— T'es pas si belle pour juste être là et rien dire.

— Oui bah je cherche. Deux secondes. »

Elle rougit. Sent des perles de transpiration couler de ses aisselles. Le stress la met en alerte. Elle se dit que tout ce qui doit compter, c'est son enveloppe extérieure. Elle est coincée entre Jacques et un mur. Elle ne peut rien ajuster, rien cacher. Elle se demande si ses mains sont assez fines et les dissimule sous les manches de son pull, si ses cheveux sont assez coiffés ou si elle a l'air d'un ogre négligé. Elle les balance derrière ses épaules, vérifie au passage s'ils ont l'odeur qu'il faut. Jacques trinque avec elle, en glissant une main dans son dos sans la regarder. La conversation des deux mecs en face tombe sur ce qu'elles font dans la vie. Leur sourire patient montrent qu'ils sont prêts à les aider si besoin. Ottessa s'empresse de répondre que Soledad cherche un boulot de serveuse. Elle se met à débiter que ça se passe toujours mal dans les endroits où elle bosse, que c'est probablement parce qu'elle est jolie. Elle raconte tout ça sous les regards amusés de l'assemblée qui fuitent régulièrement vers Soledad pour voir si elle confirme.

On ne sait pas ce qu'en pense Soledad. Si elle trouve abusé qu'Ottessa raconte son histoire à sa place, si elle pense qu'elle est en train d'être déformée. On ne discerne pas ses expressions et elle n'a de toute façon même pas envie d'en afficher. Elle fait, pour la première fois, l'expérience d'une apparence non convoitée en se rendant compte qu'elle était habituée au confort des regards insistants, prêts à tout pour établir un contact avec elle. Le métier de serveuse décuple sa satisfaction d'être vue. Elle a peur que ce soit le métier qui lui convienne le mieux.

Jacques dit qu'ils embauchent ici. Ils vont la brancher avec Gwen.

À vingt-deux heures, la table est prête. Les losers qui ont dîné pendant le premier service sont rentrés régler la baby-sitter, et la bande de Jacques, soit sans enfants, soit *ma femme s'en occupe,* quitte le bar pour aller s'attabler côté restaurant.

Gwen la serveuse débarque et ils se mettent à débattre autour des vins qui vont accompagner leur repas. Gwen se déplace et s'arrête derrière Ismaël, elle pose une main sur son épaule en sortant un bloc-notes de son tablier. Jacques essaye de faire attention à sa ligne. Il a toujours la force de commander une entrée et un plat légers, puis lâche la rampe en se gavant de pain, déglingue son plat principal, sauce celui des autres, atomise le fromage, et râcle avec sa petite cuillère son dessert jusqu'à l'os. Il prend une frisée aux lardons en entrée et un bar aux girolles en plat. Avec l'alcool c'est pareil. Et le sexe aussi. Il a peur de manquer et de gâcher. Si une fille ne rentre pas avec lui, est-ce qu'elle va au moins rentrer avec quelqu'un d'autre ? Gwen suggère un pouilly-fumé mais les autres rouspètent qu'ils veulent du rouge. Les filles, elles boivent quoi ? Soledad regarde Ottessa qui n'y connaît rien. Elle dit qu'elles vont partager le pouilly avec Jacques. Les autres, avec leurs choux-fleurs rôtis et leurs jarrets de veau confits, disent pinot noir. Gwen dit « gevrey-chambertin », avec un point d'interrogation, les autres hochent la tête en direction de celui qui tient la carte et qui termine de la consulter l'air appliqué. Après tout le monde, il dit « très bien », et referme le menu en recevant de son claquement un petit courant d'air. Quand Gwen débarque avec les deux bouteilles, elle se fait regarder. Elle porte une veste de costume qui tombe juste au-dessus des fesses, réhaussée par un pantalon taille haute. Ismaël la regarde pendant qu'il renifle le fond qu'elle lui a servi.

« Tu es toute seule ce soir ?

— Ouais, Laurent revient à peine de son week-end avec ses gosses.

— T'es une grande fifille.

— Tu te débrouilles très bien, Gwen. »

Elle fait un mouvement de tête qui indique qu'elle saisit la dérision tandis qu'elle cale la bouteille dans le creux de sa taille.

« Ça vous plaît, c'est bon ? Faut le laisser respirer cinq minutes.

— Ouais non mais il est parfait. Merci Gwen. » Ismaël dit qu'il va aux toilettes. Il regarde Ottessa et Soledad : « Si vous en voulez, venez. »

Vin-entrée-vin-plat-vin-fromage-dessert-café-digestif-café. Ottessa picore. Elle descend, et frappe à la seule porte fermée des toilettes des hommes. On ne lui ouvre pas. Elle attend dans le silence. Les battements de son cœur résonnent. Elle fait couler de l'eau froide et s'en étale dans la nuque. Ils arrondissent largement l'addition, pour ne pas terminer sur une note pingre. Les filles ne payent rien. Tout fiers, ils se cassent du restaurant et reviennent au bar où on diffuse de la musique qui sert à faire danser.

Ceux qui reçoivent des *bon tu rentres ou merde ?* ébouillantés de leur femme enfilent tristement leur manteau. Les autres se demandent où on va après. On décide du lieu en fonction du degré de déglingue qu'on voudrait exonder. Gwen leur dit qu'ils peuvent rester après la fermeture. Ils s'allument des cigarettes et commandent des bouteilles de champagne.

Jacques aime bien se hisser sur quelque chose quand il danse. Une marche, une estrade, un fauteuil. Il ne tombe pas. Il lève les bras, déforme son visage, ouvre grand la bouche. Il est ravi de ses fringues parce que c'est Ismaël qui lui a donné toutes les références. Jacques n'a pas un goût affirmé. Ce qui le prive de confiance quand il s'achète des vêtements. Il a besoin d'avoir vu un meuble chez quelqu'un qu'il admire pour envisager son achat. Pour les vêtements, il dépend d'Ismaël. Même s'ils n'ont pas la même silhouette ni la même carnation. Ismaël sait ce qu'il faut acheter et où pour ressembler à un clone de son âge. Il donne des recommandations et se permet de dire de ne pas faire comme lui quand il tente des trucs nouveaux. On l'écoute. C'est la caution cool.

Elle est tachycardante et elle tape à pleines mains dans la porte des toilettes. Avec ses poings elle tambourine. En riant elle menace. Elle dit « j'entends en plus ». Elle dit « vous êtes plusieurs maintenant, je vous entends ». Ismaël ouvre. Il est avec Gwen en train de se faire des lignes sur son téléphone, sans cesse en train de s'allumer avec un appel qu'il ignore.

« C'est ma meuf, pas de souci. »

D'un geste aérien, il fait comprendre qu'elle est un peu anxieuse. Elle veut toujours savoir où il est, et avec qui. « Avec qui ? », elle lui demande ça dix fois par jour. Il tend une paille à Ottessa. Elle regarde les yeux de Gwen. Ils sont rouges et débiles. La poudre scintille.

— C'est quoi ?

— Coke et 3.

Elle laisse la place à Gwen. La serveuse penche la tête en enfonçant ses yeux dans la direction d'Ismaël. Elle soupire, colle son épaule au mur et l'admire comme le dernier-né d'une portée de chiots. Ismaël va rentrer chez lui, il ne couchera pas avec sa fiancée. Elle se met à lui caresser le bras.

« Quel gâchis. »

Il sourit, lui prend la main et la presse.

« T'inquiète. »

Gwen a de fins cheveux blonds décolorés. Un balayage des années 2000, qui lui va bien. Leur souplesse les fait flotter et leur couleur reflète les petits spots LED des toilettes. Elle a des yeux en biais, bleu foncé, et rieurs. Elle est petite et menue. A des mains toniques avec des bagues qui décorent ses doigts aux ongles nus. Elle porte un uniforme réglementaire mais a retiré sa veste. Elle a fait rentrer une chemise blanche, cintrée à la taille et légèrement déboutonnée, dans son pantalon carotte. Son soutien-gorge noir est visible sous le coton de sa chemise. Le genre conséquent, armaturé, à balconnets, orné de dentelle et à grosses bretelles. Il lui réhausse les seins, et fait gigoter leur surface au moindre de ses mouvements. C'est impossible de ne pas regarder. Mais on ne sait pas pourquoi on regarde. Elle joint ses mains derrière la tête pour nouer un élastique dans ses cheveux et surprend le regard d'Ottessa. Ottessa sent qu'elle gêne mais elle ne bouge pas. Elle fixe Gwen qui coince sa frange derrière ses oreilles. Elle a soudain l'air d'une très jeune fille. Elle absorbe sa ligne en un éclair, sec, et remonte le surplus avec l'index vers ses narines, le petit doigt relevé. Elle expire dans un rire de godiche, propre à celles qui ne le sont pas. Ottessa dit « c'est fort comment ? ». Ismaël montre Gwen. Il dit « comme ça ». Pendant qu'elle tape sa ligne, elle se fait bousculer par une agitation derrière elle, Gwen est partie d'un fou rire. Elle voit un texto apparaître sur l'écran : *Ismaël bordel de merde !!!! T'es avec qui ?!*

Ottessa maintient la porte des toilettes ouverte, le regard dans le vide, en attendant qu'Ismaël et Gwen la suivent. Mais Gwen lui fait signe de refermer derrière elle. Un mélange de morve et de coke descend dans sa gorge pendant qu'elle se lave les mains. Elle examine ses narines et redresse la tête en se fixant profondément dans le miroir.

Elle remonte et trouve Soledad assise sur une des chaises hautes, se tenant toute droite, en débardeur, jeans et baskets. Jacques est pratiquement collé à elle pour l'entendre parler, et a mis sa main sur le dossier de sa chaise. Les fringues de Soledad lui collent au corps. Son corps élastique, avec les articulations souples. Ottessa pousse les chaises hautes à coups de hanches chaotiques pour venir s'agripper au comptoir du bar comme une naufragée. Une chaise est tombée à l'oblique sur celle de Soledad qui la redresse avec une précision élégante. Puis elle pose une main sur le bras d'Ottessa et fait un signe de la tête pour lui demander si ça va. Ottessa ne répond pas, elle essaie de ne pas tomber, et regarde Soledad prolonger sa conversation avec Jacques. Elle a l'impression que le carnage sur son visage a complètement disparu. Elle se penche vers Soledad pour essayer de participer à leur discussion mais ne récolte rien. Alors elle mime sept shots au barman qui les aligne devant elle et qui disparaissent en sept inspirations. Elle redescend aux toilettes. La porte, fermée à clé, frémit sous des petits coups irréguliers martelés de l'intérieur. L'écho des chocs résonne au sous-sol.

« Attends deux secondes, Ismaël répond, l'air d'avoir la bouche pleine.

— Enfin plutôt quinze minutes. »

Elle entend le rire de Gwen.

En remontant les escaliers, elle loupe une marche et en dégringole trois. Coincée dans une vision tunnel, elle panique et geint. Histoire de savoir si elle a vraiment mal. Elle geint et elle geint encore. La musique couvre tout le vacarme qu'elle essaie de faire. Elle ne s'entend pas, elle est bouchée, les connexions en panne. Elle arrive au bar et voit Soledad éclater de rire. Personne ne la calcule, elle est à deux doigts du mélodrame. Elle recommande cinq shots.

« De quoi vous parlez ? » elle hurle.

Soledad se tourne vers Ottessa et s'adosse sur sa chaise en croisant les bras. « Du jour où il est entré en communication avec des chiens, elle dit, en agitant une main en direction de Jacques. C'était sous ayahuasca, comme Baptiste, mon DJ. »

Jacques en avait pris quand il était au Pérou, il y a six ans. « Dans une montagne avec deux potes. » Ils ont été accueillis par un mannequin torse nu et en jeans, qui s'est présenté comme leur chaman. Ils ont ingéré la potion, vomi pendant trois heures, puis ont tripé le reste de la nuit. Le mannequin les protégeait, les empêchait de sortir du périmètre et vérifiait que leur état était stable. Jacques a rencontré une meute de chiens. Il a réussi à leur parler. Les chiens, sans grande surprise, leur délire, c'est la bouffe. Alors tant qu'on leur en donne, ils sont capables d'amour, de loyauté, de tous les trucs de chiens en fait. Jacques était assis au milieu d'une colline d'herbe, la meute s'était dispersée. Il restait un clébard qui lui avait mis un tunnel. « Mais il a pas réussi à m'expliquer ma mission sur terre. »

Soledad se prend le ventre et se tord de rire. Ottessa lève les sourcils sans parvenir à concentrer son regard, elle louche. Elle bredouille « idiot », mais le son de sa voix est trop faible.

Elle mastique sa salive pour l'avaler et réussir à articuler, cette fois :

« Bon, on s'en va ?

— Ouais, ok », dit Jacques.

Soledad s'appuie au comptoir pour se lever et va aux toilettes sans que Jacques la regarde partir. Il donne à Ottessa le câlin du siècle. Ses grands bras l'entourent, la serrent et la réchauffent. Elle ferme les yeux et s'engouffre dans son odeur. Jacques embrasse sa tête, ses joues, son cou, et déplace doucement sa bouche vers son oreille.

« On peut rentrer avec Soledad ? »

Ottessa se défait de ses bras pour le dévisager. Elle ferme puis rouvre les yeux. Elle voit flou. Plisse les paupières pour s'aider. Le voit en double mais discerne ses traits euphoriques. Il est sincère. Il pense que sa question est inoffensive.

Elle n'est pas naïve. Elle sait qu'elle n'est pas la dernière fille pour qui Jacques va avoir du désir. Ça ne représentera jamais un motif de rupture. Il pourrait même aller beaucoup plus loin. Il pourrait baiser Soledad devant ses yeux, sans lui demander la permission, qu'elle ne le quitterait pas. Elle le lui ferait croire bien sûr. Elle lui jetterait un sort, elle essaierait de le tuer, elle humilierait Soledad. Elle les tabasserait, tous les deux, prétendrait se jeter par la fenêtre pour qu'il la retienne au dernier moment. Ou elle s'y jetterait carrément, mais sans mourir. Elle serait paralysée, il s'occuperait d'elle. Elle lui pourrirait la vie, jusqu'au bout, mais elle ne le quitterait pas. Elle ne le quittera jamais.

Elle veut que Jacques finisse par s'en prendre à elle, le pousser à bout. Que ça finisse mal, qu'il veuille l'assassiner. Que leur rencontre condamne le restant de ses jours. Elle ne sait pas quoi faire. Elle pense qu'il doit aller se faire foutre, mais n'arrive pas à le dire. Elle le pousse sans force, et trifouille dans le sac de Soledad pour prendre son portefeuille.

Ottessa détale. Elle sort de l'hôtel et se met à marcher au milieu de la route déserte. Elle a le pas brimbalant mais résolu. Sans son manteau, ni son pull, ni son sac. La défonce la rend morale et la morale lui tient chaud. Elle sait qu'elle a raison de partir. Elle pousse un cri de guerre et entre dans une brasserie, ouverte toute la nuit. Dos au comptoir, elle s'appuie négligemment sur le zinc. Son bassin ne répond plus, il se propulse seul en avant et oscille de gauche à droite. Elle se tient par les coudes et finit par se retourner. Elle commande quatre shots verts qu'elle boit d'un trait. Le barman ne lui tend même pas la machine à carte pour qu'elle règle. Il sait que ça va être galère. Elle scanne le bar, et désigne du menton un mec à l'allure d'épave. En se dirigeant vers lui, elle s'emmêle les jambes et s'effondre au sol. Le barman râle et fout un torchon sous l'eau tiède. Il passe calmement de l'autre côté du comptoir, retourne Ottessa sur le dos, plaque le torchon sur son front, et lui lève les jambes.

« Ça va mademoiselle ? Vous m'entendez ? »

Il demande à son collègue de lui mettre un coussin derrière la tête. « Voilà et mets-lui la tête sur le côté. Mademoiselle ? » Il claque des doigts.

Elle somnole, ses paupières réagissent aux mouvements oculaires rapides. Elle est ailleurs. Elle se voit coller son front à celui du type chétif et ridé qu'elle avait repéré. Il a un énorme pif couperosé. Des cheveux longs, rares et plantés à l'improviste. Des petits yeux tristes. Il la prend par la taille pour la maintenir debout. Les gens autour rient doucement et le gars dit quelque chose qu'elle ne comprend pas. Elle sent juste son haleine avinée et affiche au ralenti une expression de dégoût.

« Mords-moi… là. »

Elle tourne la tête pour montrer son cou au mec. Comme il ne fait rien, elle va chercher son sexe par-dessus son pantalon. Elle veut lui faire mal, parce qu'elle veut une trace de désir. Le mec met le temps mais finit par bander. Entre ses doigts, elle sent une force inattendue se déployer, créant un contraste avec la léthargie de la créature.

Elle serre la mâchoire et le menace. S'il ne la mord pas elle va l'exploser, elle lui dit, en rapprochant la bouche de son oreille. Sans négocier, le mec révèle ses dents dans un sourire. Elles sont crades, et tranchantes. Il passe sa langue sur sa bouche, compte en profiter. Il a besoin de tendresse, il l'embrasse plus qu'il ne la blesse. Il ne peut pas se rappeler un moment où il a été aussi proche de la peau d'une fille. Même si elle compresse son sexe dans sa main pour l'encourager à y aller plus fort, il ne se laisse pas distraire. Il s'offre une minute de sensualité. Ottessa veut une trace indélébile. Elle veut un hématome gigantesque, violacé et pourri. Que Jacques l'ait devant les yeux chaque fois qu'il la regardera. Elle pousse un gémissement capricieux. Avec ses doigts elle va chercher ses couilles pour enfoncer ses ongles dedans. Le mec ouvre la bouche de douleur, et laisse dégouliner une douche de bave sur la clavicule d'Ottessa. Il passe à un plantage de dents radical. Ses canines cherchent un camp de base stable où elles puissent s'établir et creuser la chair. Elle a des fourmis dans les jambes. Elle espère que ça vaut le coup. Elle espère que Jacques ne l'aime pas. Elle sent ses pensées se fatiguer, prenant des formes compliquées, sans début ni fin. Elle ne lutte pas, elle ne panique pas, elle est trop sonnée, sent sa tension chuter. Son corps étourdi tressaille et s'écroule. Soledad débarque, sans Jacques. Elle dit qu'il faut appeler les secours.

Sa tête a cogné le dallage patiné. Ottessa se voit, étendue sur le sol de la brasserie, devant le comptoir avec du monde autour. Les gens sont blafards. Le barman a appelé les pompiers avec des mains tremblantes et des phrases désordonnées. Les sirènes surviennent crescendo. Le vieux pochetron crie qu'il n'a rien fait et se met à taper une crise d'angoisse. On lui sert un verre d'eau.

Ottessa essaie de rire, ou au moins de se réveiller. Elle est KO. Il faut qu'elle dorme. Elle se voit blanche porcelaine. On déplie un brancard pour la déplacer, et elle se voit engloutie par le coffre d'un corbillard. Elle essaie de parler, de dire qu'il y a erreur, mais elle n'a plus de force. Assis autour d'elle, les gars s'ouvrent des cannettes.

Son père discute avec la rabbine. Elle n'entend que sa voix basse, il dit peu de mots. Elle est déshydratée, elle essaie de crier mais elle a la bouche scellée. Son père sanglote. Il se rapproche d'elle. Elle est dans un cercueil, avec l'impression d'être plaquée au fond d'une piscine. Elle entend un coup, son père tape la boîte. Elle se voit allongée, elle est immobile. Des gens arrivent dans la salle de recueillement. Ils s'asseyent. Certains s'avancent et se tiennent debout davant l'assemblée pour dire aux autres quelque chose sur Ottessa.

Elle n'entend pas leurs mots. Oscar n'est pas là. Mais Chloé oui, avec Soledad. Elles sont côte à côte. Elles se tiennent les mains. Ça va les rapprocher. Elles sont contentes d'être là, elles pourront dire tout au long de leur vie qu'elles ont perdu leur amie. Ça leur fera une cartouche pour la fac, leur vie sociale, leurs amoureux, leur boulot, ça leur fera un storytelling si elles veulent créer une association. Si c'était à refaire, Chloé aurait pardonné à Ottessa, elle aurait profité de son amie.

Elles ne font pas de discours. Le silence est saturé.

Jacques est là. Il est assis au fond. Il a un costume avec une toute petite fleur dans sa poche. C'est une rose microscopique et courbée, la tête vers le bas. La tête rouge, incandescente, qui tombe pendant qu'il s'avance. Il dit pardon. Regarde les gens qu'Ottessa ne connaît pas. Il dit pardon. Qu'il ne les connaît pas non plus.

Il s'appelle Jacques et il a rencontré Ottessa la veille. Elle arrive à l'entendre. Elle l'entend retenir sa voix. Elle l'entend faire des pauses et se râcler la gorge. Il faut qu'il parle plus fort. Il dit qu'il la connaissait déjà. Il dit « c'est la distorsion ». Elle comprend « c'est la distorsion de la passion ». Elle l'entend dire qu'il ne sait pas et qu'il ne saura jamais, si c'est vrai qu'il l'a connue avant. Ou si c'est la distorsion.

Plus tard, on plonge le cercueil par des cordes dans un trou.

Suspendue dans le vide, Ottessa flotte. *Elle sait flotter*. Elle sent sa peau froide comme un film autour de son cœur. Elle sent son cœur ralentir. Elle digère tout. Elle a la tête vide.

Une dizaine de personnes ont accompagné le cortège jusqu'aux allées du cimetière. On encercle son père répandu en larmes. Une queue se forme devant le trou pour jeter à la pellette, chacun son tour, de la terre sur le cercueil. Son père garde la pelle en main et dévisage la fosse. Après un moment il pousse un hurlement et s'élance.

Lundi

Soledad a enlacé Ottessa toute la nuit. Elle l'a ramenée chez son père et ne l'a pas quittée. Elle se réveille avec sa tête sur son épaule, prête à ce qu'elle lui vomisse dessus. Elle a essayé de résister au sommeil. Au moment où son réveil sonne, elle entrouvre les yeux brusquement, réalisant qu'elle s'était endormie. Elle a le souffle d'Ottessa dans sa poitrine et les cervicales engourdies.

D'un geste méticuleux, elle lève la tête de son amie, se déplace vers l'extérieur du lit et la pose sur le matelas. Ottessa, toujours somnolente, a le visage indisposé. Les sourcils froncés. Mais elle n'ouvre pas les yeux quand Soledad lui caresse doucement l'épaule.

« Tu te réveilles ? Faut qu'on aille en cours. »

Soledad se lève et va examiner sa tête dans le miroir de la salle de bains. Elle enlève soigneusement ses pansements les uns après les autres. Se lave le visage, les dents, asperge ses plaies de spray antiseptique. Sur sa paupière restée intacte, elle dessine un trait d'eyeliner. Tandis qu'elle barbouille ses cernes et ses hématomes de correcteur, Ottessa débarque finalement, en morte-vivante. Elle se masse le contour des yeux pour les ouvrir le mieux possible, se tartine de crème teintée et étire ses cils avec du mascara. Soledad colorie ses pommettes et applique de nouveaux pansements. Elle contemple le résultat et enfile une cagoule. A pas de velours, elles quittent l'appartement.

Sur le chemin du lycée, elles achètent six pains au chocolat et une grande bouteille d'eau. Elles la sirotent en regardant le ciel, bleu et rose fondus. Soledad enlève sa cagoule, met ses lunettes de soleil. Elle attrape le bras d'Ottessa et glisse sa main jusqu'à celle de son amie, dans la poche de son manteau. « C'est quoi ce truc ? » Soledad dit, en sortant l'enveloppe tachée. Ottessa la lui arrache, la broie entre ses doigts, ralentit. Tandis que Soledad s'éloigne, elle la jette dans le caniveau.

Devant le passage piéton, Ottessa allume son portable. Personne ne lui a écrit. Pas même Oscar, dont elle attendait seulement qu'il l'insulte. Elle fait défiler les conversations. Elle cherche la photo de sa bande de cire. Elle cherche si elle a rêvé. Elle ouvre tous ses messages et s'arrête. Un morceau de pain au chocolat se coince à l'entrée de son gosier. Ses yeux s'agrandissent et sa respiration se bloque. Elle voit la photo de la bande, envoyée à un contact enregistré au nom de « Papa ». Elle range son portable dans son sac et fixe le vide. Soledad la tire par le manteau pour traverser la route.

Cet ouvrage a été achevé d'imprimer sur Roto-Page
par l'Imprimerie Floch à Mayenne en décembre 2024
pour le compte des éditions Grasset
61, rue des Saints-Pères, 75006 Paris
info@grasset.fr

Mise en pages
PCA 44400 Rezé

PAPIER CERTIFIÉ

Grasset s'engage pour
l'environnement en réduisant
l'empreinte carbone de ses livres.
Celle de cet exemplaire est de :
500 g éq. CO_2
Rendez-vous sur
www.grasset-durable.fr

N° d'édition : 23420 – N° d'impression : 105701
Dépôt légal : janvier 2025
Imprimé en France